Instant Tennis Lessons

일신서적출판사

머 리 말

인스턴트 테니스 레슨은 효력 만점의 레슨으로서 모두 미국 테니스 매거진지에 연재된 것 중에서 선정된 84항목을 8가지 테마별로 정리했다. 저자는 모두 USPTA(미국 프로테니스협회)에 소속된 권위 있는 프로코치들이며, 모든 것을 자세히 설명하고 있으므로 여러분의 기술향상에 큰 도움이 될 수 있을 것이다.

이들 권위 있는 레슨프로들이 만든 시리즈는 코트에서 1 대 1로 지도받는 것과 똑같은 효과를 얻을 수 있도록, 설명은 간단 명료하게 요점만을 썼으며 모든 항목에 삽화를 게재함으로써 더욱 쉽게 이해할 수 있도록 하였다.

각 항목의 내용에 대해서는 테니스 매거진지의 기술고문스텝 토니 트라버트, 빅 세이셔스, 론 홀름버그, 로이 에머슨, 조지 로트, 빌 프라이스, 그리고 마거리트 코오트부인 등 역대 명선수들의 교열과 입증을 걸쳤다. 이 원고가 잡지에 연재되었을 당시에 담당은 편집장인 제프리 바스토우씨, 삽화는 스포츠미술가로서 유명한 짐 매퀸, 에드 비이벨 두 사람에게 부탁했다.

이 책을 가장 효과적으로 이용하기 위해서는 전체를 통독하여 레슨을 하나씩 흡수하거나 또는 슬럼프에 빠지거나, 기술적으로 막혔을 때 펴보는 것이다. 그럴 때마다 본서는 유능한 어드바이서로서 활약하여 줄 것이다.

셰퍼드 캠벨
(미국 테니스 매거진지 편집인)

차 례

그 립
작은 새를 잡는 것과 같은 기분으로 ·· 11
안정된 쇼트를 위한 요령 ·· 13

레 디
프리핸드로 받쳐준다 ··· 17
볼 위에 발뒤축을 올려놓는 기분으로 ·· 19
체중을 앞으로 걸고 기다린다 ··· 21
라켓은 양손으로 잡는다 ·· 23

포핸드
스타트를 빠르게 ·· 27
라켓을 뒤로 돌리면서 뛴다 ··· 29
어깨를 돌린다 ·· 31
리시브에서는 백스윙을 짧게 ··· 33
1시 방향으로 스텝한다 ··· 35
볼을 향해서 뛰어 들어간다 ··· 37
앞발의 무릎은 완충장치 ·· 39
헤드 업에 주의하라 ··· 41
뒷발은 앵커 역할을 한다 ·· 43
문제는 체중이동 ·· 45
라이징 볼의 주의점 ··· 47
끌어당기지 말고 밀어라 ·· 49
손바닥으로 친다는 느낌으로 ·· 51
볼을 떠올리지 말라 ··· 53
10개의 볼을 한꺼번에 때리는 기분으로 ······································ 55
다림질하듯이 하라 ··· 57
깊은 볼을 칠 때에는 ··· 59
네트를 높게 넘겨도 좋다 ·· 61
표적을 이용하여 연습한다 ·· 63

백핸드

라켓을 등뒤로 가린다 …………………………………… 67
칼을 빼는 요령으로 …………………………………… 69
겨드랑 아래를 조인다 …………………………………… 71
등을 벽에 붙이고 스윙한다 …………………………… 73
앞쪽 어깨가 타구점을 가리킨다 ……………………… 75
타구 소리를 들을 때까지 주시하라 ………………… 77
스윙을 천천히 …………………………………………… 79
프리 아암을 몸에 붙인다 ……………………………… 81
프리스비의 기술을 응용한다 ………………………… 83
줄다리기의 요령을 응용한다 ………………………… 85
라켓을 목표를 향해 던지는 기분으로 ……………… 87
프리핸드를 어떻게 사용하는가 ……………………… 89
줄타기 할 때처럼 양팔로 균형을 잡는다 …………… 91
체중을 끝까지 앞발에 두자 …………………………… 93
스윙의 마지막을 점검한다 …………………………… 95
때리고는 달리라 ………………………………………… 97

서 브

토스하기 전에 볼을 바운드한다 ……………………… 101
양 발을 약간 벌린다 …………………………………… 103
양 발끝을 타구선에 일치시킨다 ……………………… 105
서어브를 하기 전에 조준을 한다 …………………… 107
리치의 정점에서 볼을 올린다 ………………………… 109
토스를 정확하게 한다 ………………………………… 111
토스하는 팔을 높이 뻗는다 …………………………… 113
토스의 타이밍을 늦춘다 ……………………………… 115
등을 긁는 동작으로 …………………………………… 117
앞발을 단단히 디딘다 ………………………………… 119
그립 엔드를 수직으로 세워라 ………………………… 121
몸을 앞으로 기울여라 ………………………………… 123
최고의 타구점까지 토스를 올린다 …………………… 125
정지하는 순간에 쳐라 ………………………………… 127
손목의 스냅을 이용하라 ……………………………… 129
시선을 떨어뜨리지 말라 ……………………………… 131

라켓을 던져본다 ·· 133
완전한 플로 드루 ·· 135
리턴의 실전적 연습 ·· 137
리턴하기 전에 흡한다 ·· 139

발 리

등 뒤에 벽이 있는 기분으로 쳐라 ································ 143
복식에서는 센터를 겨냥하라 ····································· 145
광각 발리를 처리하는 풋워크 ···································· 147
라켓 헤드를 내리지 말라 ··· 149
몸의 전방에서 볼을 받아라 ······································ 151
태권도의 옆치기 요령으로 ······································· 153
뒷다리의 무릎을 깊이 구부린다 ·································· 155
단거리의 스타트 자세를 취한다 ·································· 157
고양이가 먹이를 노리듯이 ······································· 159
그립을 쥐어짜듯이 ··· 161
사방치기 놀이를 생각한다 ······································· 163
퍼스트 발리로 공격하라 ··· 165
발리 기술의 연습 ·· 166
서비스 라인에서부터 연습한다 ·································· 168

로 브

곤란할 때는 로브를 ·· 173
외야수와 같이 뒤로 뛴다 ·· 175
높이와 깊이를 몸에 익힌다 ······································ 177
플로 드루의 요령 ·· 179

오버헤드

효과적인 백스윙 ··· 183
다른 한 팔로 볼을 추적한다 ····································· 185
볼에서 눈을 떼지 마라 ··· 187
볼을 배후로부터 밀어낸다 ······································ 189
팔을 충분히 뻗어서 친다 ·· 191

↑지미 코너스의 박력 있는 스매싱
➡ 빌리진 킹 부인의 경쾌한 포핸드

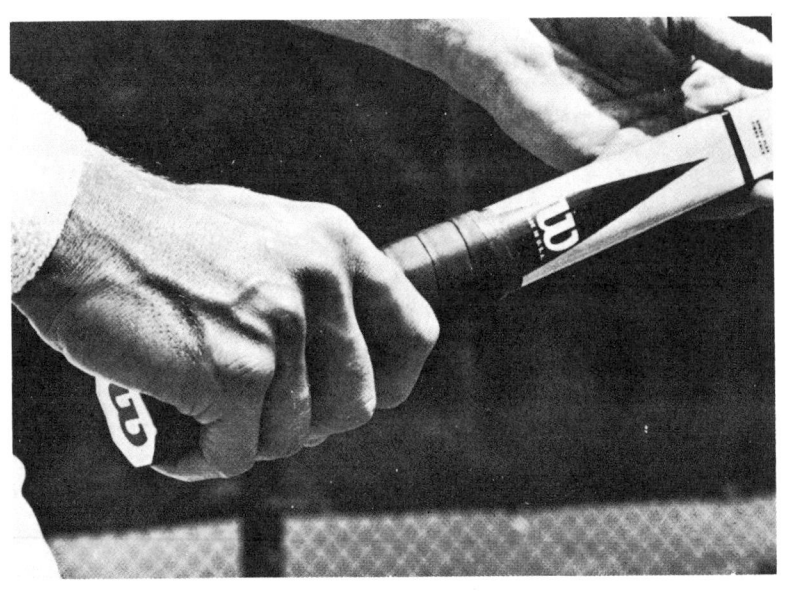

1
그립

작은 새를 움켜잡는 것과 같은 기분으로 / 11
안정된 쇼트를 위한 요령 / 13

작은 새를 움켜잡는 것과 같은 기분으로
IMAGINE A BIRD IN THE HAND

　대부분의 테니스 애호가들이 가장 중요한 기본기의 하나인 그립에서 "적당한 힘으로 잡기"가 숙달되지 않아서 곤란을 겪고 있다. 이들은 라켓 핸들로부터 무엇인가 짜내기라도 하려는 듯이 꽉 잡고 있다. 그 결과 어깨와 팔의 근육이 굳어져서 스트로크가 전혀되지 않는다. 여러분도 그러한 경험이 있을 것이다. 그렇다면 그 문제를 해결할 수 있는 비결을 소개하겠다.
　잡고 있는 라켓을 살아 있는 작은 새라고 상상해보는 것이다. 새가 날아가지 못하게 하기 위해서는 꽉 잡고 있어야 되겠지만, 너무 세게 힘을 주면 새는 죽게 될 것이다.
　라켓을 잡는 힘의 정도도 바로 이러한 느낌인 것이다. 라켓이 손에서 빠져나갈 정도로 느슨하게 잡아서는 안된다. 그러나 어깨와 팔에 필요없는 힘이 들어가지 않아야 하며, 따라서 체중이 흘러가는 듯한 포워드 스윙에 충분히 걸릴 정도의 힘으로 잡으면 되는 것이다.

— 클로디아 롱 —

안정된 쇼트를 위한 요령
CONSISTENCY IS IN YOUR GRASP

　아무리 해도 쇼트에 안정성이 없는 사람에게 어드바이스 하고자 한다. 그립을 좀 더 강하게 해보면 어떨까! 손가락, 손, 손목을 강화하는 방법에는 여러가시가 있다. 하루에 몇번이고 테니스 볼을 쥐었다 놓았다 하는 연습을 해보면 좋다. TV를 볼 때나 통학, 통근할 때의 차 안에서 등 약간의 틈을 이용하여 얼마든지 할 수 있다. 그립이 견고하면 타구가 안정될 뿐만 아니라 소위 "테니스 엘보우"가 되는 것을 피할 수 있다. 그렇다고 해서 핸들에서 수액이라도 흘러나오는 것이 아닌가 하고 생각될 정도로 꽉 잡아서는 안될 것이다.

― 윌리암 M. 사마아즈 ―

2
레디

프리핸드로 받쳐준다 / 17
볼 위에 발뒤축을 올려놓는 기분으로 / 19
체중을 앞으로 걸고 기다린다 / 21
라켓은 양손으로 잡는다 / 23

프리핸드로 받쳐준다
CRADLE THE RACQUET WHEN WAITING FOR THE BALL

    준비자세로 상대방의 볼을 기다리는 동안, 라켓은 프리핸드(라켓을 잡지 않은 손)로 슬로오트(라켓의 타면과 샤프트의 접점, 즉 목 부분)를 가볍게 받쳐준다. 이렇게 하면 라켓을 몸의 정면에서 헤드 부분을 가슴 높이로 세우고 있기가 편리하다. 엄지손가락을 위로 하고, 집게손가락과 가운뎃손가락을 밑으로 하여(그림 참조) 슬로오트를 살짝 누르듯이 한다. 타면은 지면에 대하여 수직이 되게 하고 라켓 헤드는 상대방을 향한다.

    양손으로 잡으면 라켓이 훨씬 가벼워질 뿐만 아니라, 타구의 방향에 따라서 그립을 변화시키는 데 편리하다.

— 벤 포오스터 —

볼 위에 발뒤축을 올려놓는 기분으로

IN THE READY POSITION, IMAGINE THERE'S A BALL UNDER YOUR HEELS

    네트 앞에서 준비자세를 취할 때에는 양 발의 뒤축 밑에 데니스 볼을 놓고 그 위에 올라선 기분으로 엄지발가락 쪽에 체중이 걸리게 해보라. 볼을 한번 칠 때마다 이 레디 포지션으로 되돌아오게 하고, 발뒤축이 지면에 닿는 일이 절대로 없게 한다. 볼 위에 올라선 기분으로 뒤축을 들고 있으면 네트 대시할 때 다리의 탄력을 이용하여 재빨리 움직일 수 있다. 물론 진짜 볼을 밟고 있는 것은 아니다. 요는 어디까지나 양 발의 엄지발가락쪽에 체중이 걸리게 하라는 것이다.

— 스티이브 그린버어크 —

체중을 앞으로 걸고 기다린다
WAIT WITH YOUR WEIGHT FORWARD

　상대방의 타구를 기다릴 때에는 체중을 몸의 앞쪽에 걸리게 하고 양발의 엄지발가락쪽에 힘을 주어 발끝으로 서는 것처럼 한다. 이렇게 하면 언제 어느곳으로도 신속하게 움직일 수가 있다. 발바닥을 지면에 대고 있으면 먼저 뒷꿈치를 들고 나서 움직이기 때문에 동작이 느려지게 된다.
　　　　　　　　　　　　　　— 존 A. 크라프트 주니어 —

라켓은 양손으로 잡는다
GET READY
WITH BOTH HANDS
ON THE RACQUET

한 손으로 자동차를 운전하면 피로할 뿐 아니라, 위험하기도 하다. 그라운드 스트로크에서 기다릴 때에도 역시 마찬가지이다. 라켓을 한 손으로만 잡고 있으면 무거워서 피로가 빨리 오고 바른 대기자세가 흐트러지기 쉽다. 라켓도 자동차의 핸들처럼 양 손으로 잡는 것이 좋다. 볼이 날아올 때 이것을 치기 위해 라켓을 끌어당기는 경우에도 받치고 있던 프리핸드가 그대로 따라가도록 한다. 이렇게 하면 양 어깨가 자연히 돌아가서 볼의 방향으로 향하게 되고, 체중도 자연스럽게 뒷발로 이동하게 된다.

— 도너 B. 자퀴스 —

3

포핸드

스타트를 빠르게 / 27
라켓을 뒤로 돌리면서 뛴다 / 29
어깨를 돌린다 / 31
리시브에서는 백스윙을 짧게 / 33
1시 방향으로 스텝한다 / 35
볼을 향해서 뛰어 들어간다 / 37
앞발의 무릎은 완충장치 / 39
헤드 업에 주의하라 / 41
뒷발은 앵커 역할을 한다 / 43
문제는 체중이동 / 45
라이징 볼의 주의점 / 47
끌어당기지 말고 밀어라 / 49
손바닥으로 친다는 느낌으로 / 51
볼을 띠올리지 말라 / 53
10개의 볼을 한꺼번에 때리는 기분으로 / 55
다림질하듯이 하라 / 57
깊은 볼을 칠 때에는 / 59
네트를 높게 넘겨도 좋다 / 61
표적을 이용하여 연습한다 / 63

스타트를 빠르게
GET A FAST START

　상대편 라켓에서 볼이 떨어지는 그 순간에 예측되는 타구의 낙하점을 향하여 스타트한다. 볼이 네트를 넘어올 때까지 기다려서는 안된다. 당신의 운명을 결정하는 것은 당신 자신인 것이다. 설혹 좋은 기술을 가지고 있다 할지라도 몸과 라켓이 볼을 따라가지 못하면 아무 소용이 없다.

― 포올 S. 페인 ―

라켓을 뒤로 돌리면서 뛴다
RUN WITH YOUR RACQUET BACK

별로 어려운 볼도 아니고, 찬스를 맞춰 받아 넘겼는데도 이상하게 쇼트볼이 되어버린 경험이 가끔 있었으리라고 생각된다. 실제로 이와 같은 미스 쇼트는 의외로 많다. 왜 이런 현상이 일어나는가?

대부분의 경우 라켓을 뒤로 돌리는 동작이 느린 것이 근본 원인이다. 볼을 쫓아간 다음에 백스윙을 하면 이미 늦다. 라켓을 뒤로 돌리고 볼을 향하여 움직이기 시작하여 타구지점에 도달하면 곧바로 포워드 스윙을 할 수 있어야 한다.

볼이 상대방의 라켓을 떠나고 그것을 당신이 포어로 칠 것인가 백으로 칠 것인가를 결정했으면 즉시 백스윙으로 들어간다. 그리고 볼이 바운드했을 때에는 스트로크의 대기자세가 완전히 되어 있도록 한다. 좋은 리턴을 위한 열쇠는 빠른 백스윙에 있다는 것을 잊어서는 안된다.

― 빈스 엘도렛드 ―

어깨를 돌린다
TURN YOUR SHOULDERS FOR MORE POWER

만약 당신의 그라운드 스트로크에 파워가 부족하다면 그것은 어깨를 제대로 사용하지 않고 있기 때문이라고 생각된다. 상대방의 볼이 접근해 오면 라켓을 뒤로 돌리는 동시에 상반신도 역시 뒤로 돌려서 양 어깨를 연결하는 선이 네트를 향하도록 해야 한다. 다음에 라켓을 앞쪽으로 스윙하여 볼을 치는 일련의 동작에 따라서 양 어깨를 벌려서 네트와 평행으로 되돌아오게 해야 한다. 나사를 돌리는 것 같은 이 동작에 의해 체중이 자연히 앞쪽으로 이동하고 이에 따른 타구에 의해 많은 힘이 들어가게 되는 것이다. 양 어깨를 돌려서 스트로크에 위력을 주어야 한다.

— 게인즈 구드윈 —

리시브에서는 백스윙을 짧게
TRIM YOUR BACKSWING

보통의 그라운드 스트로크와는 달리, 리시브(서비스 리턴)에서는 큰 백스윙은 필요치 않다. 아마 보통의 절반 정도라고 생각하면 좋을 것이다. 짧게 뒤로 뺐다가 타구점은 몸보다 앞으로 가져온다. 그리고 플로 드루도 보통보다 짧게 한다. 리시브가 잘 되기 위해서는 집중력과 충분한 연습이 필요하지만 백스윙과 플로 드루의 문제점을 잊어서는 안된다.

— 데이브 코온라이크 —

1시 방향으로 스텝한다
STEP OUT AT ONE O'CLOCK

   타구를 포착하는 타이밍이 늦고 포어의 드라이브가 잘 맞지 않을 때에는 타구할 때 내미는 앞발의 위치에 주의하기 바란다.

   왼쪽 그림에서 볼 수 있는 것처럼 앞발은 시계의 문자판으로 말하면 1시 방향으로 내밀지 않으면 안된다. 이렇게 하면 몸의 앞쪽에서 볼을 잡을 수 있고 체중도 자연스럽게 앞쪽으로 이동할 수가 있다. 만약 3시 방향으로 발을 내밀거나 하면 타구의 타이밍이 늦을 뿐 아니라 앞발에 걸려서 효과적인 포워드 스윙이 되지 않는다.

― 테이브 코즈로프스키 ―

볼을 향해서 뛰어 들어간다
MOVE FORWARD ON DEEP BALLS

 1주일에 한번 정도 밖에 플레이를 할 시간이 없는 사람들 중에는 깊은 볼을 천천히 돌려서 잡으려는 사람이 적지 않다. 이 경우에 라켓을 빨리 끌어당기는 것을 잊어버리고, 또 앞쪽으로 체중을 이동시켜야 하는데도 반대로 뒷쪽으로 몸을 젖힌 자세로 손목 힘으로만 볼을 치는 것이다.

 볼이 이쪽으로 날아오면 제일 먼저 해야 하는 것은 라켓을 뒤로 돌리고, 몸을 네트 옆을 향하게 하고 볼을 받아야 한다. 이 자세로부터 체중을 앞쪽으로 이동하여 볼을 친다. 우물쭈물하여 불필요하게 시간을 낭비해서는 안된다. 라켓을 빨리 당기고 볼을 향해 뛰어 들어간다.

— 릭 타보라치 —

앞발의 무릎은 완충장치
LET YOUR KNEES ACT AS SHOCK ABSORBERS

특히 초보자에게서 많이 볼 수 있는데, 그라운드 스트로크를 할때 무릎을 거의 구부리지 않는 사람이 있다. 그대로 치게 되면 파워도 없을 뿐 아니라 방향도 정해지지 않은 볼이 높이 떠오를 것이다. 이것을 교정하기 위해서는 무릎을 쇼크 업소오버(완충장치)로 생각하고 이것이 스트로크를 할 때의 체중의 이행에 의한 쇼크를 흡수한다고 생각하는 것이다. 볼을 향하여 발을 내밀고, 무릎을 구부리고, 볼을 치고, 다시 한번 쇼크 업소오버로 몸을 밀어올리도록 하여 플로 드루에 들어가면 좋을 것이다.

— 제임즈 E. 세익스피어 —

헤드 업에 주의하라
KEEP YOUR HEAD DOWN TO KEEP YOUR SHOTS DOWN

    정확한 그라운드 스트로크를 치는 요령 — 그것은 포워드 스윙과 동시에 체중을 뒷발로부터 앞발의 엄지발가락으로 옮겨가는 것이다. 이것을 무리없이 하기 위해서는 이 때 머리를 들지 않도록 한다. 도중에서 머리를 들게되면 체중이 뒷발에 머물러 있게 되어 라켓도 들어올리게 된다. 볼에서 눈을 떼어서는 안된다. 즉 머리를 들지 않아야 한다. 이것만 지키면 체중의 이행이 자연스럽게 되며, 이른바 위력있는 볼을 칠 수가 있다.

— 벤 포스터 —

뒷발은 앵커 역할을 한다
USE YOUR BACK FOOT AS AN ANCHOR

　그라운드 스트로크에서 몸의 밸런스가 잘 잡히지 않는 사람은 대개 몸을 너무 앞으로 기울여서 앞발에 체중이 과중하게 걸리는 데 문제가 있다고 본다. 이러한 경우에는 뒷발을 보다 뒤로 당기면 밸런스가 잡힌다. 뒷발은 앵커(닻)이므로 쇼트 개시부터 종료까지 지면에 단단히 고정되어 있다고 생각한다. 이렇게 하면 몸을 너무 앞으로 기울이는 나쁜 습관이 고쳐진다. 뒷발을 지면에 단단히 고정하여 밸런스를 잡는 것을 잊지 말도록 하라.

— 제임즈 E. 세익스피어 —

문제는 체중이동
WATCH YOUR WEIGHT!

　임팩트 시점에서 체중의 위치만 정확하면 테니스 볼은 훌륭하게 칠 수가 있다. 이 때 체중은 앞발에 걸려 있어야 한다. 앞발에 체중이 걸려 있으면 타구에 보다 많은 힘을 가할 수 있고 또한 볼 콘트롤도 잘 된다. 볼이 방향으로 발을 내딛고 그 발에 체중을 걸어라. 이것이 그라운드 스트로크를 바르게 치기 위한 철칙이다. 뒷발에 체중을 둔 상태에서는 타구에 힘을 줄 수가 없고 공중으로 뜨는 볼이 되기 쉽다. 인간이 볼을 플레이 해야 하는 것이지 볼이 인간을 끌고 다녀서는 안된다. 타구를 위한 준비를 빨리하고 라켓을 스윙하여 라켓이 볼에 맞는 순간에는 체중이 뒷발에서 앞발로 옮겨가야 한다.

― 휴 카아트라 ―

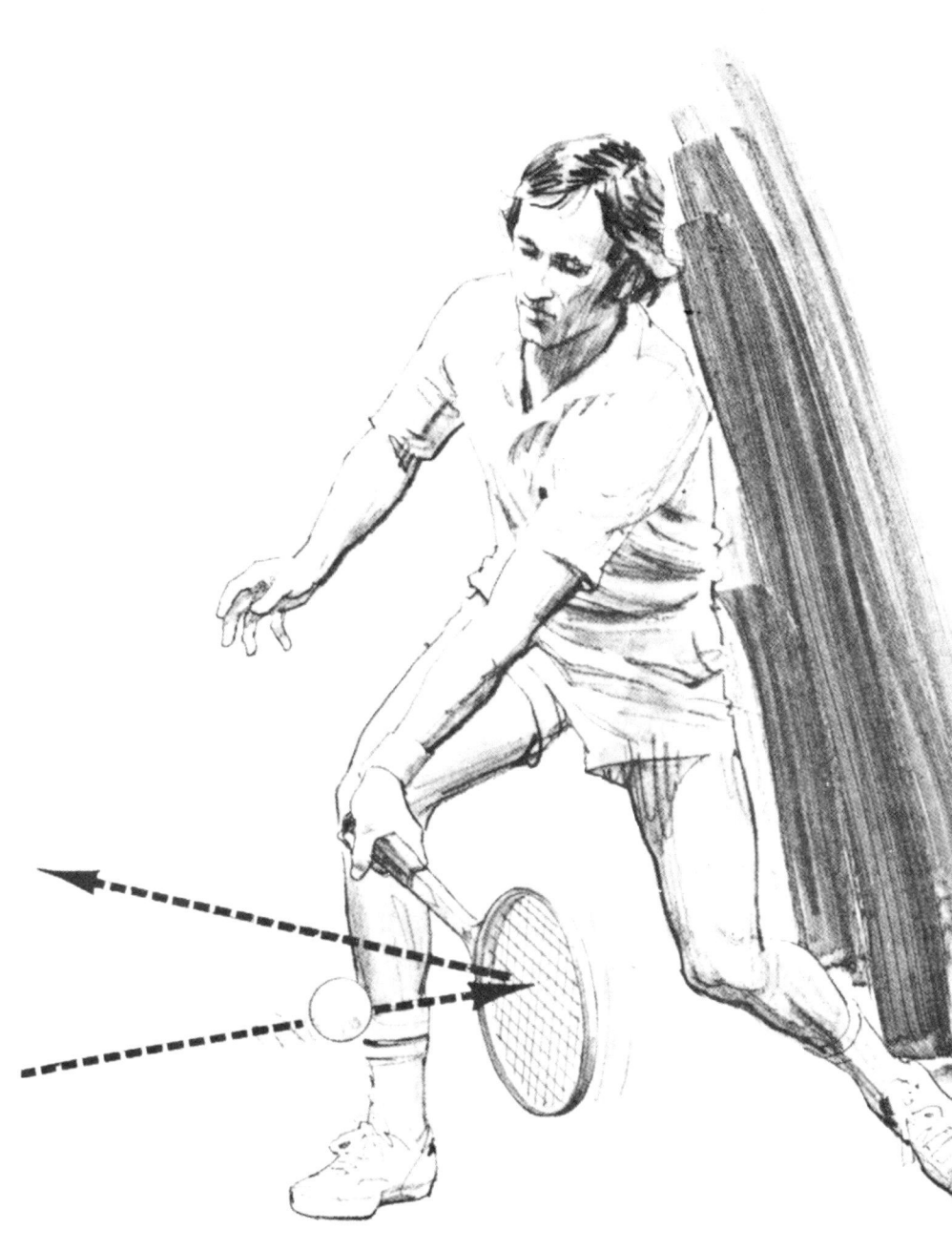

라이징 볼의 주의점
DON'T BE AFRAID OF A RISING BALL

그라운드 스트로크는 바운드의 정점에서 하는 것이 가장 좋다고 생각된다. 그러나 때로는 라이징 볼(바운드가 정점에 도달하기 전의 볼)을 때려야 하는 경우도 있다. 긴장을 풀고 지금 한번 해보기 바란다. 그러나 임팩트에서 타면을 지면과 수직이 되도록 해야 한다. 타점이 보통의 타구보다 낮기 때문에 틀림없이 네트를 넘어가게 하려는 욕심에서 타면을 위로 기울어지게 해서는 안된다. 타면을 위로 젖히면 볼이 공중에 떠올라서 "홈런"이 되기 쉽다.

상대방이 톱 스핀의 볼을 보내왔을 경우, 그 위력을 죽이기 위해서도 강하게 쳐보낼 필요가 있다. 그러기 위해서는 라켓을 네트와 평행하게 유지하면서 치고, 이어서 플로 드루로 라켓이 상승궤도를 그리도록 하면 좋다. 이렇게 하면 볼이 깨끗하게 네트를 넘어가게 된다.

― 존 A. 크라프트 주니어 ―

끌어당기지 말고 밀어라
PUSH, DON'T PULL THE RACQUET

　어떤 무거운 물체를 움직일 때 잡아당기는 것보다 미는 것이 편리할 것이다. 테니스에서 볼을 칠 때에도 역시 마찬가지로 라켓으로 볼을 밀어내면 되는 것이다. 절대로 끌듯이 하여 힘차게 밀어내는 힘을 죽여서는 안된다. 정확한 이스턴 그립으로 잡으면 백핸드거나 포핸드거나 라켓의 후면으로부터 체중을 볼에 걸어서 볼을 떠밀 수가 있다. 그립이 바르면 손은 항상 타구방향을 향하여 라켓의 후방에 위치하게 되기 때문이다.

　동시에 앞발보다 앞의 위치에서 볼을 때리는 것을 잊지 말도록 한다. 이렇게 하면 적은 노력으로 보다 정확한 쇼트를 칠 수 있다.

― 로버트 기본 ―

손바닥으로 친다는 느낌으로
IMAGINE YOU'RE HITTING THE BALL WITH THE PALM OF YOUR HAND

    포핸드 스트로크에서 볼을 라켓의 타면에 스퀘어(직각)로 칠 수가 없어 고심하는 경우에는 자신의 손바닥으로 볼을 치고 있다고 상상해본다. 테니스를 하는 것이 아니고 핸드볼(작은 볼을 벽에 던지며 플레이한다. 테니스와 스카슈의 혼합형 구기)을 하고 있다고 생각하면 그렇게 어려운 것이 아니다. 볼을 바르게 때리려면 손바닥을 지면과 수직(네트와 평행)으로 해야 한다는 것을 알 수 있다. 라켓을 잡았을 경우에도 이치는 마찬가지이다. 손바닥으로 볼을 친다는 감이 익숙해지면 라켓을 기울임으로써 볼이 네트에 걸리거나, 높이 뜨는 일이 없을 것이다.

— 도온 알렌 —

볼을 떠올리지 말라
HIT FLAT, DON'T SPOON THE BALL

　당신의 그라운드 스트로크는 가끔 위로 튀어오르지 않는가? 그것은 대개 볼을 떠올리듯이 치기 때문이다. 그 원인은 타구점에서 라켓 헤드가 손목의 위치보다 낮기 때문이다. 이러한 타구법을 사용하면 볼이 공중으로 튀어 오른다는 것을 쉽게 알 수 있다. 타구점에서의 라켓 타면은 항상 바른 각도(지면에 대해 수직)로 유지되고 있어야 한다. 바르게 맞으면 라켓이 볼의 비행방향으로 스윙하게 되며 볼도 깨끗하게 네트를 넘어가게 되는 것이다. 라켓 헤드를 손목보다 높게하면 라켓을 떠올리듯이 할 필요가 없다.

― 피이터 알렌 ―

10개의 볼을 한꺼번에 때리는 기분으로
ON DEEP SHOTS, IMAGINE YOU'RE HITTING THROUGH 10 BALLS

　라켓 타면이 볼에 닿은 채로 이동하는 거리를 될 수 있는 대로 길게 하지 않으면 파워있는 정확한 그라운드 스트로크를 칠 수 없다. 10개의 볼을 허리 높이에서 네트쪽으로 한 줄로 나열해놓고 한번의 스윙으로 쳐낸다고 생각한다. 임팩트 때의 면과 라켓의 높이를 유지하면서 일직선으로 앞으로 길게 진행시켜야 한다. 이렇게 하면 포어에서나 백에서나 위력있는 볼을 상대방 코트 깊숙이 보낼 수 있을 것이다.

― 벤 포스터어 ―

다림질하듯이 하라
IRON OUT THAT FOLLOW THROUGH

　효과적인 그라운드 스트로크를 치기 위해서는 정확한 볼 콘트롤이 중요하며, 이를 위해서는 충분한 플로 드루가 필요하다. 플로 드루를 길게 하기 위해서는 하나의 예로서 다림질 동작을 머리에 떠올려서 이것을 응용하는 것이다. 즉 앞에 놓여진 다리미 판 위에서 라켓을 앞쪽으로 미끄러지게 하는 것이다.

　볼을 치려고 하면 라켓의 프레임을 가상의 다리미 판 위에 접촉시킨채로 판의 끝까지 밀고 나간다. 포핸드 스트로크에서는 그 다리미판의 끝을 볼을 보내려는 방향으로 향하게 하는 것이 중요하다. 그리고 플로 드루도 정확히 동일한 방향으로 진행하도록 주의해야 한다.

— 데이브 우드 —

깊은 볼을 칠 때에는
FINISH WITH YOUR RACQUET HEAD AT HEAD LEVEL

    후진(後陣)으로부터의 랠리에서는 자신의 타구를 확실하게 상대방 코트 깊숙이 보낼수 있도록 충분한 플로 드루를 해야 한다. 이 경우, 플로 드루의 종점에서는 라켓이 대체로 자기 머리 높이까지 올라올 정도로 스윙한다. 피니시에서 라켓을 높게 유지할 수 있게 되면 볼은 깊은 아치를 그리며 네트로부터 1m 정도 위를 날아서 상대방의 베이스 라인에 떨어지게 될 것이다. 또 이렇게 치면 볼에 톱 스핀도 줄 수가 있다. 그라운드 스트로크에서 깊은 볼을 확보하기 위해서는 플로 드루로 머리까지 라켓을 스윙하도록 해야한다.

— 벤 포스터어 —

네트를 높게 넘겨도 좋다
GET UNDER THE BALL AND OVER THE NET

그라운드 스트로크에서는 높은 궤도로 날아오는 볼 — 예를 들면 네트 상단으로부터 1.5m나 높게 날아오는 볼을 무서워하지 말아야 한다. 높이 때리면 그만큼 네트에 걸릴 위험이 감소되며 또한 상대방 코트 깊숙이 넣을 수가 있다. 볼의 높이를 확보하기 위해서는 포워드 스윙을 예상되는 타구점보다 낮은 위치에서 시작하는 것이다. 플로 드루는 높게, 상식적으로는 자기 머리 높이에서 끝나도록 한다. 만약 스윙의 시작이 타구점보다 높아서 스윙이 일단 아래로 내려왔다가 위로 다시 올라가게 하면 좋은 플로 드루가 될 수 없다. 낮은 위치에서 스타트하여 높은 곳에서 끝내는 것이 좋은 요령이다.

— 죤 M. 브라운로우 —

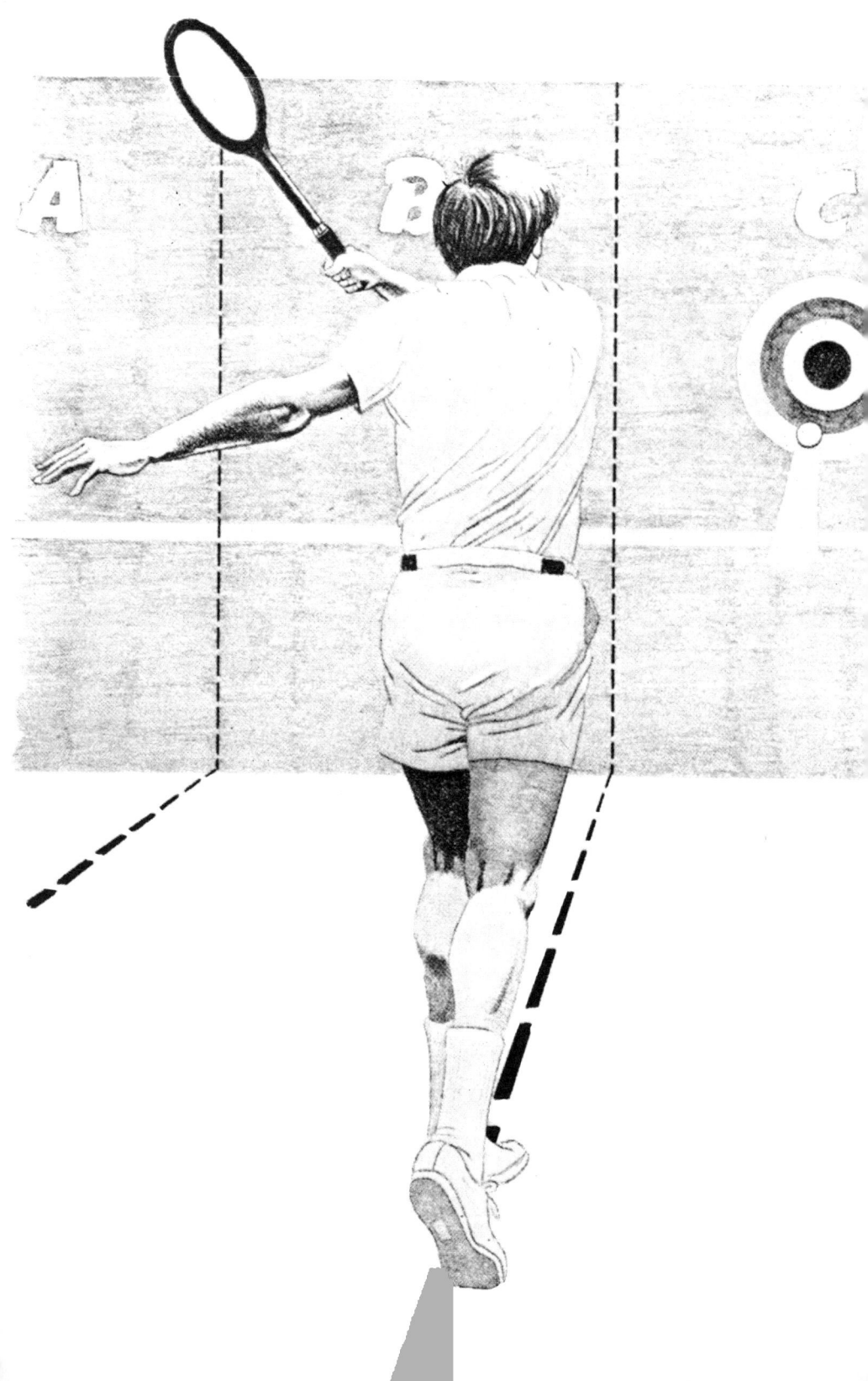

표적을 이용하여 연습한다
TARGET PRACTICE TO GROOVE YOUR FOREHAND

　초보자들의 가장 큰 과제는 포핸드를 스트레이트로 때리도록 하는 것이다. 여기서 내가 소개하는 표적을 만들어 놓고 하는 연습은 이를 위해서 크게 도움이 될 것이다.
　그림을 먼저 보라. 오른손잡이라면 앞쪽 벽의 B 와 C 중간에 서서 C 점의 표적을 향하여 볼을 치는 것이다. 정확하게 치면 볼은 자기의 포핸드쪽으로 튀어나온다. 이 연습의 목적은 우선 포어에 숙달하기 위한 것이므로 포어와 백을 교대로 하지 않도록 해야 한다.

－편 집 부－

4
백핸드

라켓을 등뒤로 가린다 / 67
칼을 빼는 요령으로 / 69
겨드랑 아래를 조인다 / 71
등을 벽에 붙이고 스윙한다 / 73
앞쪽 어깨가 타구점을 가리킨다 / 75
타구 소리를 들을 때까지 주시하라 / 77
스윙을 천천히 / 79
프리 아암을 몸에 붙인다 / 81
프리스비의 기술을 응용한다 / 83
줄다리기의 요령을 응용한다 / 85
라켓을 목표를 향해 던지는 기분으로 / 87
프리핸드를 어떻게 사용하는가? / 89
줄타기 할 때처럼 양팔로 균형을 잡는다 / 91
체중을 끝까지 앞발에 두라 / 93
스윙의 마지막을 점검한다 / 95
때리고는 달리라 / 97

라켓을 등뒤로 가린다
ON GROUND STROKES, HIDE YOUR RACQUET AS YOU PREPARE

그라운드 스트로크를 치는 경우(포핸드에서도 마찬가지이다), 백스윙에서 라켓을 상대로부터 거의 보이지 않을 징도로 뒤로 당겨야 한다. 이 때 라켓 타면은 코트 뒷편의 펜스와 마주보게 된다. 뒤로 당겨진 라켓, 자신의 몸통, 그리고 상대방 플레이어를 하나의 선으로 연결하면 상대방으로부터는 당신의 라켓이 등에 가려서 보이지 않게 된다.

만약 상대방이 볼 때 당신의 어깨 위로 라켓이 보이면 당신의 백스윙은 아직 부족한 것이며, 반대로 등 옆으로 라켓 헤드가 나오면 너무 뒤로 당기고 있는 것이다.

― 벤 포스터어 ―

칼을 빼는 요령으로
DRAW A SWORD TO START YOUR BACKHAND

    강한 백핸드 쇼트를 치기 위해서는 포워드 스윙과 동시에 상체를 앞쪽으로 되돌아오게 하는 것이 중요하다. 그렇게 함으로써 체중이 앞발에 걸리고 볼에 파워가 들어가는 것이다.
    허리에서 칼을 뽑을 때의 동작을 상상한다. 이것이 백핸드 스트로크에서의 포워드 스윙의 요령이다. 라켓을 같은 요령으로 단숨에 잡아당긴다. 여기에 따라서 스윙을 선도(先導)하는 앞어깨가 네트 방향으로 돌아간다. 그렇게 하면 상반신이 잘 회전하여 체중이 뒷발로부터 앞쪽으로 이동해 간다.

— 마이크 라트크리프 —

겨드랑 아래를 조인다
TUCK IN YOUR ELBOW FOR A CONTROLLED BACKHAND

　백핸드의 콘트롤이 나쁘고 불안정한 것은 대개 볼을 몸으로부터 너무 떨어져서 치고 있기 때문이다. 이것을 고치기 위해서는 팔꿈치를 깊이 구부려서 될 수 있는대로 몸에 접근시킴으로써 백스윙을 너무 길게 하지 않도록 하는 것이다. 팔꿈치와 몸통 사이의 거리는 약 2~3인치(5~8cm)가 적당하다. 이 거리를 익히기 위해서는 그림과 같이 겨드랑 밑에 테니스 볼을 끼고 백스윙을 하는 것이 좋다.
　백스윙 도중에 볼이 떨어지면 겨드랑 사이가 너무 벌어져 있는 것이다. 팔꿈치를 충분히 구부리고 겨드랑을 조이고 백스윙 할 수 있다면, 그대로 포워드 스윙을 해도 팔꿈치가 몸통으로부터 너무 떨어지지 않아서 결과적으로 타구에 힘과 콘트롤이 가해지게 된다.

— 벤 포스터어 —

등을 벽에 붙이고 스윙한다
KEEP YOUR BACK TO THE WALL FOR BETTER BACKHANDS

    백핸드로는 짧은 볼 밖에 치지 못하는 사람이 적지 않다. 이것은 몸 둘레에 원을 그리듯이 라켓을 돌리는 것이 하나의 원인이라고 생각한다. 볼은 목표를 향하여 똑바로 보내지 않으면 안된다.

    등을 벽에 붙이고 볼을 벽과 평행한 선상으로 날아가게 한다고 가정하자(물론 실제의 벽 앞에서도 연습할 수 있다). 백스윙에서나 포워드 스윙에서나 스트로크의 동작 중에는 라켓을 가상의 벽에 부딪히지 않도록 하면서 스윙한다. 이렇게 하면 필요 이상으로 라켓을 끌어당기지 못할 것이며, 또 몸을 너무 빨리 네트 방향으로 향하게 하는 것도 방지할 수 있다. 허리, 어깨, 팔을 사용하여 흐르듯이 일직선으로 라켓을 스윙한다. 타면에 볼이 정확하게 맞는 백핸드 쇼트는 이와 같은 스윙으로부터 생기는 것이다.

— 앤디 브랜디 —

앞쪽 어깨가 타구점을 가리킨다

LET YOUR SHOULDER POINT THE WAY TO POWER ON YOUR BACKHAND

    백핸드에서는 상반신을 잘 돌리지 않으면 필요할 때 충분한 백스윙을 하지 못한다. 백스윙이 불충분하면 그 타구에 요구되는 파워를 부여할 수 없다.

    그렇다면 어떻게 해야 하는 것인가? 조금도 어려울 것이 없다. 라켓을 뒤로 뺄 때 양 어깨도 동시에 돌리면 되는 것이다. 앞쪽 어깨가 볼의 타구점을 가리킬 때까지 몸을 돌리는 것이 비결이다. 이렇게 하면 백스윙을 보다 길게 할 수 있으며, 따라서 강력한 쇼트를 기대할 수 있게 되는 것이다.

― 릭 타보라치 ―

타구 소리를 들을 때까지 주시하라
WATCH THE BALL UNTIL YOU HEAR IT HIT

　볼을 칠 때 타이밍이 잘 맞지 않아서 고심하는 사람은 없는가? 이러한 사람은 볼이 라켓 타면에 맞는 소리를 들을 때까지 볼에서 눈을 떼지 않도록 하는 것이다. 대부분의 사람은 나는 임팩트(라켓과 볼이 접촉하는 순간)까지 결코 눈을 떼지 않는다고 말할지 모른다. 그러나 그렇게 말하는 사람의 태반은 임팩트의 40~50cm 앞에서 이미 눈을 떼고 있는 것이다. 이것이 힘없는 쇼트 밖에 때리지 못하는 중요한 원인이다. 나의 어드바이스를 믿어주기 바란다. 타구 소리를 틀림 없이 들을 때까지 볼을 계속해서 지켜보기 바란다. 그 습관이 몸에 익으면 손색 없는 쇼트를 칠 수 있을 것이다.

— 다그 엘딘 —

스윙을 천천히
SLOW YOUR SWING FOR GROUND STROKE POWER

　초보자들에게서 흔히 볼 수 있는 공통적인 결점은 스윙에 너무 힘이 들어가서 스피드가 빠른 경향이 있다는 것이다. 이와 같은 스윙에서는 볼이 중앙에 맞지 않아서 타구가 원하는 방향으로 날아가지 않을 뿐더러, 파워도 떨어진다. 볼을 바르게 때리기 위해서는 포워드 스윙에서는 라켓을 보다 천천히 스윙하도록 노력하라.
　부드럽고 매끄러운 스윙을 하면 볼이 스위트 스포트에 맞을 확률이 높아지며, 타구에 위력이 가해지며, 팔꿈치의 부상도 예방할 수 있다. 스윙의 속도를 슬로우 다운시키는 것은 곧 릴랙스하게 치는 것과 통하는 것이므로 스트로크의 안정성이 그만큼 높아진다.

— 플리프 로가이디스 —

프리 아암을 몸에 붙인다
KEEP YOUR OTHER ARM AT YOUR SIDE FOR BETTER BACKHANDS

    당신은 백핸드가 원하는 곳으로 가지 않아서, 코트 안에 여기저기 볼을 보내고 있지 않는가? 만약 그렇다면 문제는 스윙 그 자체에 있는 것이 아니고 오히려 프리 아암(라켓을 잡지 않은 손)의 사용법이 잘못된데 원인이 있을 공산이 크다. 그 이유는 만약 프리 아암을 너무 미리 스윙하면 그 반동으로 상반신이 빨리 네트쪽을 보게 되어 볼을 "앞으로 쳐내기"보다는 "끌어당기는" 느낌으로 되기 때문에 한쪽으로 치우치게 되고, 짧은 볼을 만들게 되는 것이다.

    프리 아암은 포워드 스윙의 진행중에는 몸의 옆구리에 붙이고 있는 것이 중요하다. 그렇게 하면 몸은 타구시점까지 옆자세를 유지하기 때문에 쇼트가 콘트롤되며 원하는 코스로 때리기도 쉽다.

— 데이브 코즈로프스키 —

프리스비의 기술을 응용한다
SWING AT THOSE BACKHANDS WITH A FRISBEE TOSS

　백핸드에서의 팔의 사용법은 프리스비를 던질 때와 똑 같다고 할 수 있다. 프리스비를 던질 때는 목표에 대해서 몸을 옆으로 돌리고, 프리스비를 든 팔을 몸에 감듯이 끌어당겼다가 똑바로 앞으로 스윙한다. 원반은 몸의 옆구리 부근에서 놓게 된다. 양 팔꿈치를 가볍게 구부리고, 몸은 팔의 운동과 함께 목표 방향으로 돈다. 만약 당신이 프리스비의 명수라면 플로 드루도 원반이 목표한 방향으로 정확하게 날아가도록 콘트롤 하였을 것이다.
　백핸드 스트로크를 칠 때에도 이 프리스비에서의 몸과 팔의 스윙 동작을 응용하면 된다. 팔에서 힘을 빼고 팔꿈치를 몸에 붙이면 훨씬 때리기 쉬워 저스트 미트의 타구가 깨끗하게 네트를 넘어갈 것이다.

— 데이브 잉글버어그 —

줄다리기의 요령을 응용한다
PLAY TUG OF WAR ON YOUR BACKHAND

　백핸드에서는 약한 볼 밖에 칠 수 없는 사람이 있다. 그 것은 대개 볼에 체중을 걸어서 치지 않기 때문이다. 문제를 해결하는 한 가지 방법은 "줄다리기"를 응용하는 것이다. 로우프는 일직선으로 뻗어 있으며 당신은 몸을 옆으로 하여 그것을 힘껏 잡아당긴다. (역자 주 : 여기서 말하는 줄다리기는 우리나라의 운동회에서 하는 것과는 몸의 방향이 반대이다. 우리나라 사람은 오히려 손수레를 옆에서 미는 자세를 생각하는 것이 이해하기 쉽다). 로우프를 앞으로 끌면 끌수록 몸은 앞으로 기울어진다. 여기서 로우프를 라켓으로 바꾸어서 생각하면 체중이 라켓 타면, 즉 볼 쪽으로 걸리는 것을 알 수 있다.

　팔을 이와 같이 뻗으면 팔꿈치가 몸통에서 떨어지거나 올라가지 않아서 똑바로 라켓을 스윙할 수 있다. 손목만 사용하여 옆으로 때리거나 볼을 걸어올려 치지 않아도 된다. 줄다리기의 요령으로 체중을 스트로크에 걸어서 임팩트 때에 그 파워를 살리도록 한다.

― 릭 헤일패인 ―

라켓을 목표를 향해 던지는 기분으로
THROW YOUR RACQUET TO AIM YOUR BACKHAND

　백핸드에서 타구의 방향을 콘트롤 할 수 없어 곤란할 때에는 날아가는 볼을 향하여 그대로 라켓을 내던진다고 생각하면 어떨까?

　볼을 의도한 방향으로 보내기 위해서는 타구 후의 플로 드루가 필요하다. 내가 말하는 것은 이 때 볼의 비행선을 따라서 라켓을 내던지는 기분으로 스윙하라는 것이다. 그런 기분으로 하면 팔과 라켓은 볼의 진행점을 가리키고, 그 궤도를 따라가기 마련이다.

　내던지기 동작이 끝난 후에 라켓을 즉시 정지시켜서는 안된다. 플로 드루가 끝나고 라켓이 자연히 내려와서 본래의 위치로 되돌아오게 한다.

　볼이 라켓에 맞은 후에 라켓을 계속 그대로 목표를 향해 내던지는 기분으로 스윙하면 당신의 백핸드는 놀랄만큼 달라질 것이다.

― 스티이브 그린버어그 ―

프리핸드를 어떻게 사용하는가?
IS YOUR BACKHAND FOR THE BIRDS?

　백핸드가 아무래도 자연스럽지 못한 사람은 한번 프리핸드(라켓을 잡지 않은 손)의 사용법을 점검할 필요가 있다. 혹시 새의 날개처럼 퍼덕이고 있지는 않은가?

　포워드 스윙을 할 때 프리핸드를 옆으로 벌려서 올리거나 하면 몸 그 자체가 위로 끌려 올라가므로 타점이 흔들리고, 스윙으로부터 "흐름"과 파워가 상실된다. 2, 3번 시험적으로 때려서 프리핸드가 아무 의미 없이 불필요한 동작을 하지 않는지 관찰한다. 만약 오르내리고 있으면 그 손을 내린채로 몸의 뒷쪽으로 붙여 낮게 유지하고, 앞으로 스윙되는 라켓 핸드와 균형을 유지하도록 한다. 프리핸드는 비행기의 보조 날개처럼 팔랑거리는 것이 아니고, 스트로크 때의 몸의 밸런스를 잡는 것과 스트로크의 일관된 흐름을 유지하기 위한 것이다.

— 다그 매카디 —

줄타기 할 때처럼 양팔로 균형을 잡는다
USE YOUR OTHER ARM LIKE A TIGHTROPE WALKER

서어커스에서 줄을 타는 사람이 양 팔을 효과적으로 사용하여 몸의 균형을 잡듯이 테니스에서도 프리헨드를 같은 목적으로 이용해야 한다. 예를 들면 포핸드의 그라운드 스트로크를 칠 때에 라켓을 테이크 백하면 다른 한쪽의 팔은 접근해오는 볼 방향으로 뻗을 것이다. 그리고 포워드 스윙이 시작되면 다른 손은 동일한 스피드로 반대방향, 즉 몸쪽으로 이동하여 균형을 잡게 된다. 이것을 항상 염두에 두고 스트로크한다. 네트 플레이를 할 때, 타구점을 향하여 뛰어갈 때 프리핸드로 균형을 잡는 것을 잊지 말아야 한다.

― 리이 드레이진 ―

체중을 끝까지 앞발에 두라
KEEP YOUR WEIGHT OUT IN FRONT

　백핸드의 콘트롤이 나쁜 것은 체중의 위치가 잘못되어 있기 때문이다. 즉 플로 드루 시점에서 몸이 젖혀져서 체중이 양 발의 뒤꿈치에 걸려 있는 경우가 많다. 실제로 스트로크가 끝났을 때 양 무릎이 뻣뻣하고 머리도 뒤로 젖혀져 있는 플레이어가 의외로 많다.
　그러나 그것은 좋지 않다. 포워드 스윙부터 임팩트, 그리고 플로 드루에 걸쳐서 체중은 계속 앞발에 걸려 있어야 한다. 이 상태를 유지하기 위해서는 머리를 숙이고 무릎을 구부리는 것(무릎에서 힘을 **뺀다**)이 중요하다. 머리를 숙이고 있으면 자연히 좋은 포옴이 형성되고 체중은 앞발에 걸린다.

— 휴 카아트라 —

스윙의 마지막을 점검한다
FREEZE WHEN YOU FINISH YOUR STROKE

　플로 드루가 잘 되지 않아서 고심하고 있다면, 스윙이 끝난 그 위치에 그대로 라켓을 멈추어 보라. 자신은 완전하게 했다고 생각할지 모르지만, 실제로 당신의 플로 드루는 너무 짧아서 불완전한 것이다. 볼이 자기가 원하는 궤도로 날아가지 않는 것도 이 때문인 것이다. 플로 드루가 완전하면 스트로크의 종점에서 라켓을 정지시켰을 때, 라켓은 몸 앞에서 공중을 가리키고, 팔은 쭉 뻗어 있어야 한다. 빨리 라켓을 정지시키려고 플로 드루를 너무 조급하게 하지 않도록 충분히 연습한다. 게임 중이라도 자신의 플로 드루의 종점을 관찰하는 것은 충분히 할 수 있는 것이다.

— 프랭크 B. 워어커어 —

때리고는 달리라
HIT AND RUN ON THE COURT

"아! 멋있게 때렸군"하고 자기의 쇼트에 감탄하여 그대로 우두커니 서 있어서는 안된다. 계속 움직여야 한다. 자기의 스트로크 동작이 끝나면 곧 뛰어가기 시작한다. 이것이 철칙이다. 테니스에서는 움직이지 않고 때릴 수 있는 볼은 거의 없다. 좋은 볼을 치고 싶으면 우선 발을 움직이지 않으면 안된다.

어디로? 그것은 그때 그때 상황에 따라 다르다. 베이스 라인에서 쳤으면 그 중앙으로 되돌아와야 하며 전진(前陣)에 있다면 상대로부터의 넓은 각도의 크로스를 막을 준비가 필요하다. 어프로치 쇼트를 때렸으면 즉시 전진해야 한다. 반대로 예상 밖의 볼로 배후를 찔리지 않도록 후퇴할 경우도 있다. 요는 상황에 따라서 판단해야 하겠지만, 어느 경우이건 타구 후에 동일한 장소에 서 있는 것은 절대 금물이다.

― 벤 포스터어 ―

5
서 브

토스하기 전에 볼을 바운드한다 / 101
양 발을 약간 벌린다 / 103
양 발끝을 타구선에 일치시킨다 / 105
서어브를 하기 전에 조준을 한다 / 107
리치의 정점에서 볼을 올린다 / 109
토스를 정확하게 한다 / 111
토스하는 팔을 높이 뻗는다 / 113
토스의 타이밍을 늦춘다 / 115
등을 긁는 동작으로 / 117
앞발을 단단히 디딘다 / 119
그립 엔드를 수직으로 세워라 / 121
몸을 앞으로 기울여라 / 123
최고의 타구점까지 토스를 올린다 / 125
정지하는 순간에 쳐라 / 127
손목의 스냅을 이용하라 / 129
시선을 떨어뜨리지 말라 / 131
라켓을 던져본다 / 133
완전한 플로 드루 / 135
리턴의 실전적 연습 / 137
리턴하기 전에 흡한다 / 139

토스하기 전에 볼을 바운드한다
BOUNCE THE BALL BEFORE YOU SERVE

　당신은 서어브할 때 먼저 볼을 두세번 코트에 바운드시켜 보는가? 만약 아직 하고 있지 않다면 오늘부터 당장 시작하라. 이 동작은 결코 헛된 것이 아니다. 볼을 때려서 넘겨보내는 서어브의 최종동작 즉, 수평운동에서 토스하여 라켓을 위로 쳐드는 수직운동으로 징신을 집중시키는 네 크게 노움이 된다.

　바르게 토스한 볼이 맞지 않고 그대로 떨어졌을 경우에 착지할 것으로 예상되는 지점에 볼을 바운드시켜본다. 이 동작을 통해서 몸은 자연히 앞으로 기울어지고 앞발에 체중이 옮겨간다. 이것이 예비동작으로 작용하여 실제로 볼을 때렸을 경우에도 체중을 앞발에 걸기 쉽도록 한다. 서어브에 파워를 가하는 것은 불가결한 요소이다.

— 메어리 P. 죤슨 —

양 발을 약간 벌린다
SPREAD YOUR FEET
FOR SERVICE POWER

 서어브가 불안하고 파워가 부족할 경우에는 준비 자세 때의 양 발의 간격을 살펴볼 필요가 있다. 보폭이 너무 좁으면 무릎을 이용하여 몸을 들어올리는 듯한 쓸데 없는 동작을 하게 되어 타점이 일정하지 않고 효과적인 체중을 타구에 걸 수가 없다.
 이러한 결점을 해결하기 위해서는 보폭을 어깨폭보다 약간 넓게 한다. 바꾸어 말하면 그림과 같이 라켓 길이 정도로 벌리는 것이다. 이렇게 하면 토스하면서 라켓을 들어올릴 때 반동으로 몸이 동요되는 일 없이 유연한 자세를 유지할 수 있다. 또한 체중을 앞발에 이동시켜 볼에 파워를 가할 수 있다.

— 짐 바안즈 —

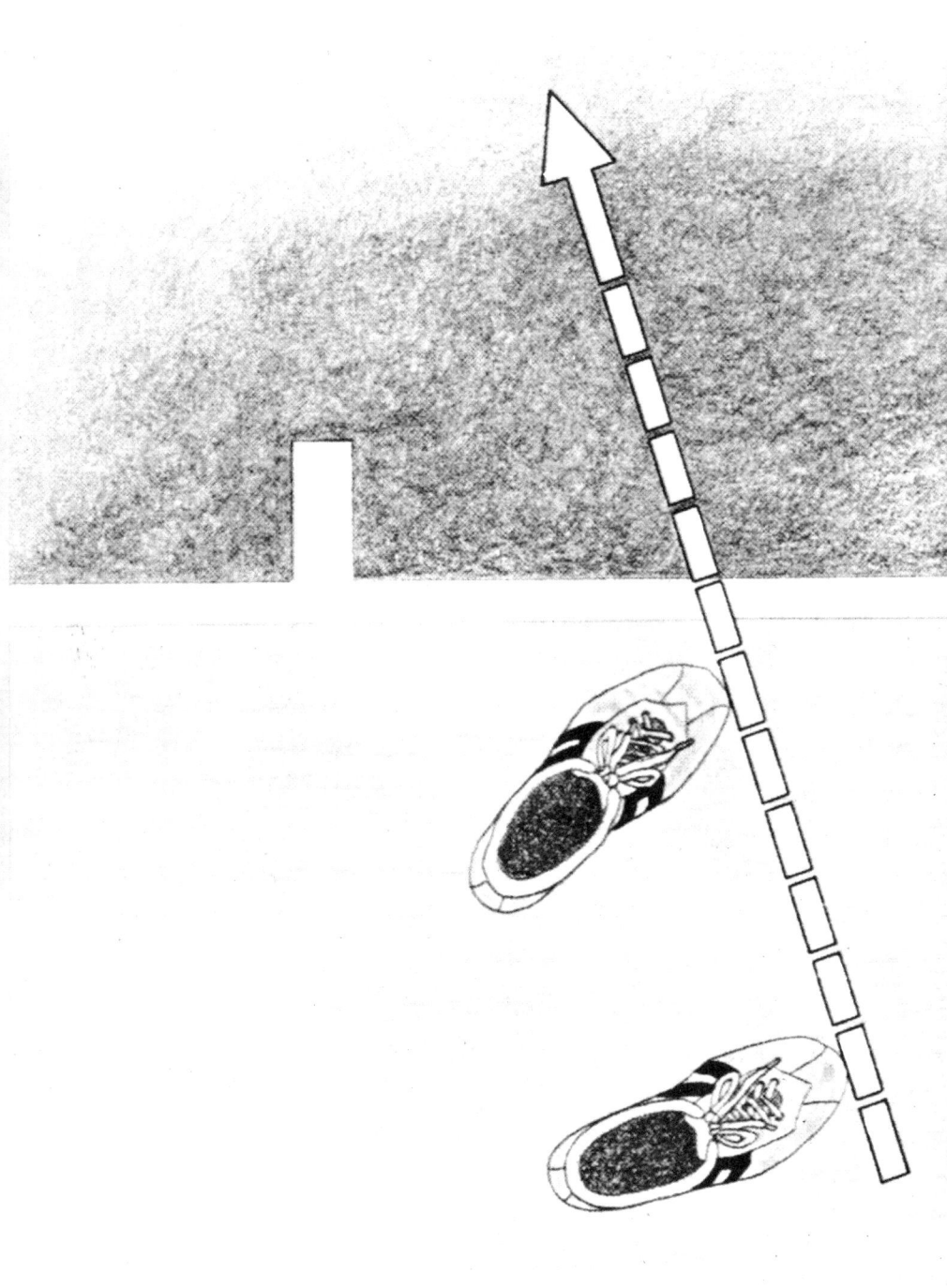

양 발끝을 타구선에 일치시킨다
TOE THE LINE FOR BETTER SERVES

자기가 목표로 하는 장소로 서어브가 잘 가지 않는 경우가 있다. 이 때에는 준비자세 때의 양 발의 위치를 체크해 보라.
양 발끝을 연결하는 가상의 선을 볼을 보내려고 하는 가상의 궤도와 일치시키는 것이다. 서어브할 때 보폭이 결정되었으면 양 발끝을 연결하는 선이 어느 방향으로 향하고 있는가를 잘 확인한 후에 토스에 들어가도록 한다. 양 발끝을 연결하는 선이 어디를 향하고 있는가에 따라 서어브의 방향이 결정되는 것이다.

— 스잔 리이벨 —

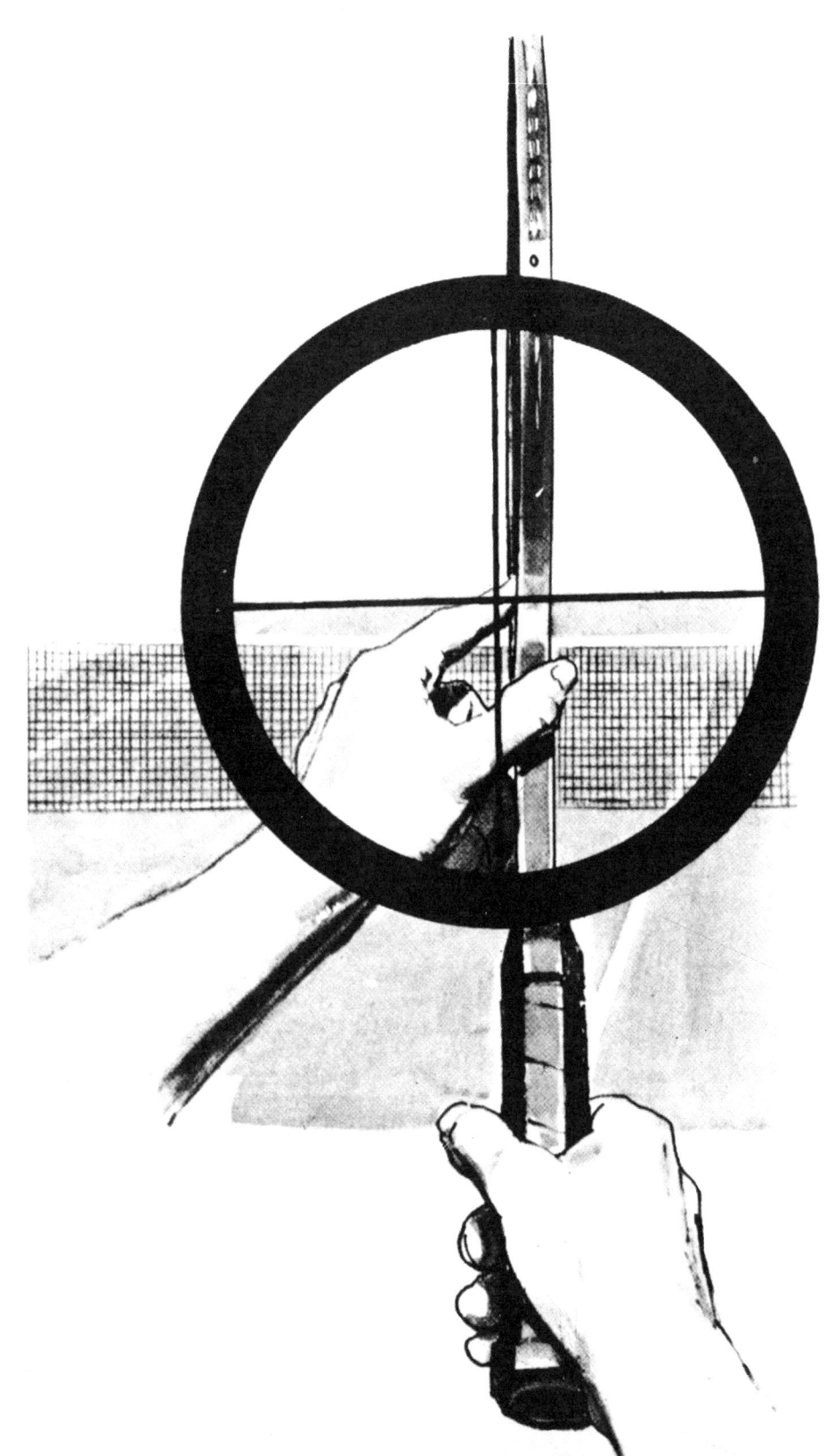

서어브를 하기 전에 조준을 한다
TAKE AIM BEFORE YOU FIRE YOUR SERVE

    서어브에서는 토스처럼 어려운 것이 없을 것이다. 그러나 다음과 같은 방법을 사용하면 토스를 개선하고 안정시킬 수가 있다.

    토스를 하기 전에 먼저 볼과 라켓을 잡고 그 양손을 앞으로 들어올려 라켓의 프레임 넘어로 서비스 코트를 응시한다. 이 때 머리와 양 팔, 그리고 타구의 목표점이 일직선상에 나열되도록 한다. 토스를 위해 팔을 들어올릴 때도 그 손이 지금 가정한 선으로부터 떨어져 나오지 않도록 한다. 플랫 서어브나 스핀 서어브를 때리는 경우, 토스의 정확한 위치는 라켓을 가진 팔의 양쪽 15~30cm이다. 토스가 그 위치에 제대로 올라가지 않았으면 때리지 말고 다시 한번 하는 것이 좋다.

— 벤 포스터어 —

리치의 정점에서 볼을 올린다
RELEASE THE BALL AT THE TOP OF YOUR REACH

여러분이 서어브에서 고심을 하는 것은 타점이 일정하지 않기 때문이다. 타점이 일정하지 않다는 것은 토스가 서투르기 때문이다. 항상 같은 위치, 같은 높이로 볼을 올릴 수 있다면 서어브의 안정성은 비약적으로 증가할 것이다.

그러면 정확한 토스를 할 수 있는 비결은 무엇인가? 그것은 리치의 정점에서 볼을 던져올리는 것이다. 손끝으로 가볍게 볼을 잡고, 위로 충분히 뻗은 시점에서 살짝 볼을 올린다. 팔을 충분히 뻗은 다음 볼을 올리면 토스가 안정되어 서비스가 보다 정확하게 된다.

— 체크 모리슨 —

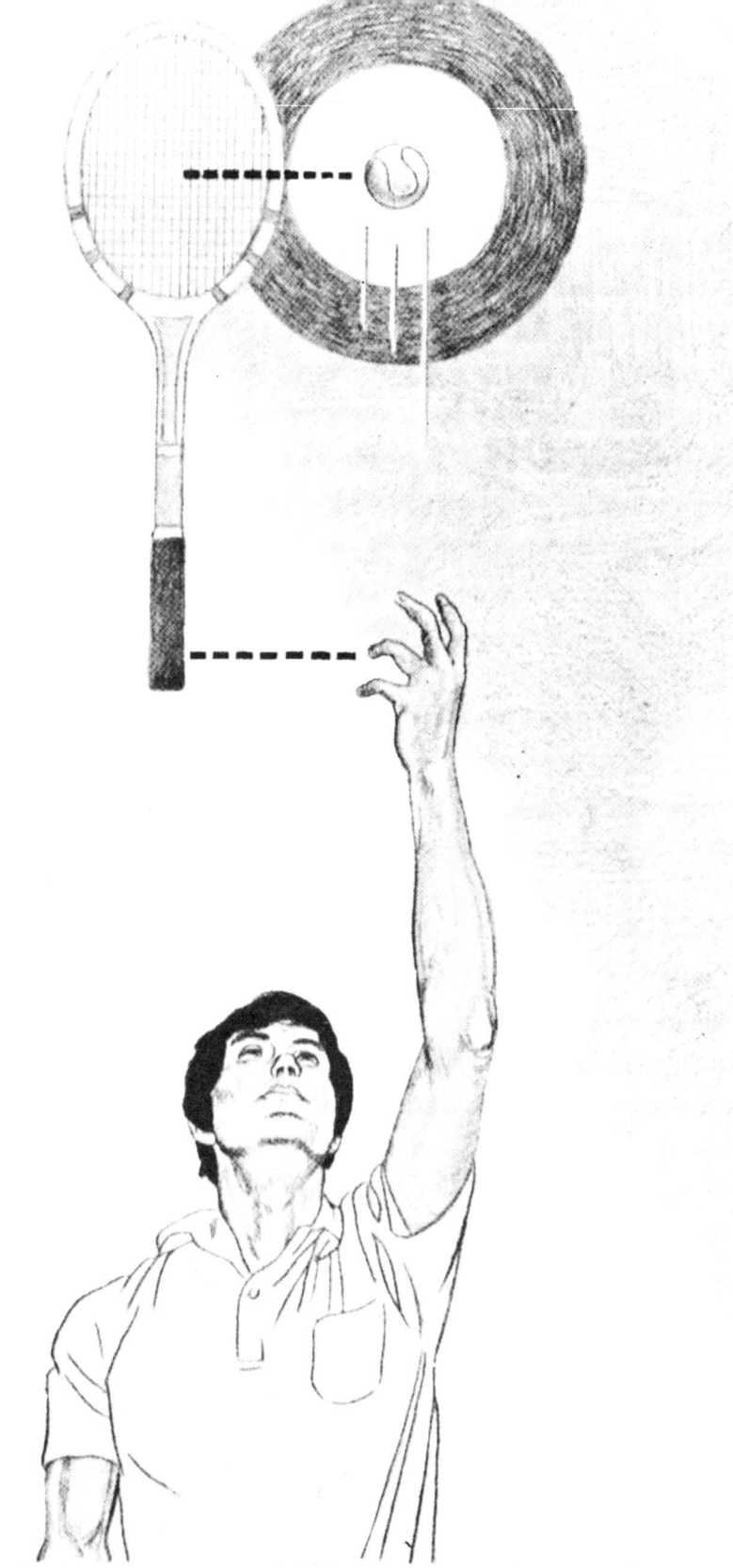

토스를 정확하게 한다
PERFECT YOUR BALLTOSS

    모든 플레이어에게 공통적으로 말할 수 있는 것이지만, 서어브가 약하다, 또는 안정성이 없다는 등의 평을 듣는 가장 큰 원인은 토스가 서툰데 있다. 볼을 올릴 때마다 그 위치나 높이가 달라서는 안정된 서어브를 칠 수 없다.
    물론 이 문제를 해결하기 위해서는 연습이 필요한데, 이 때에는 (특히 초보자인 경우에는) 코트 밖에서 실제로 볼을 치지 않고 토스만을 연습하는 것이 좋다.
    벽으로부터 팔 길이만큼 떨어져서 옆을 향하여 선다. 라켓을 잡은 팔을 최대로 뻗었을 때의 타면의 높이를 벽에다 표시해 놓고, 몇 번이고 토스하여 그 타면 위에 볼이 올라갈 때까지 연습을 반복한다. 코트에 되돌아 왔을 때 여러분의 토스가 훨씬 정확하게 되었음을 발견하게 될 것이다.

                                            ― 죤 브라운로우 ―

토스하는 팔을 높이 뻗는다
REACH FOR THE SKY WHEN RELEASING THE BALL

   서어브가 약하고 네트에 잘 걸리는 것은 몸을 최대한으로 늘이지 않고 움추린 상태에서 치기 때문이다. 즉 볼을 충분히 높이 올리지 않고 낮은 타점에서 치기 때문이다.
   이 문제를 해결하기 위해서는 볼을 올린 후에도 팔을 그대로 들고 있는 것이다. 토스된 볼이 올라가는 것을 주시할 때 그 볼을 던진 팔도 하늘을 향하여 뻗어 있는 것이 함께 보여야만 한다. 라켓의 진로를 방해하지 않도록 토스한 팔을 내리는 것은 그 다음 이야기이다. 하늘을 향하여 팔을 있는대로 뻗는다. 그렇게 하면 토스가 높아지고 시원스러운 서어브를 치게 될 것이다.

— 데니 루이스 —

토스의 타이밍을 늦춘다
DELAY YOUR TOSS FOR A FULL BACK SCRATCHING MOTION

　서어브에서 테이크 백(라켓을 뒤로 가져가는 동작)을 할 때, 팔꿈치를 구부려 등을 긁는 것 같은 자세로 라켓 헤드를 기지고 가는가? 만약 당신의 내납이 "NO"라면 볼을 던져 올리는 타이밍을 조금 늦추도록 하는 것이 좋다. 그렇게 함으로써 라켓을 바르게 당기고 예리한 스윙으로 힘이 들어간 서어브를 할 수 있는 준비가 되는 것이다.
　라켓을 자기 머리 뒤로 끌어당길 때까지 토스를 시작하지 말아야 한다. 라켓을 당긴 다음에는 반드시 팔꿈치를 구부리고 등을 긁는 자세로 라켓을 내리고, 여기서부터 머리 위를 향하여 날카롭게 스윙하는 것이다.

— 쥬안 리오스 —

등을 긁는 동작으로
SCRATCH YOUR BACK FOR A POWERFUL SERVE

서어브 볼에 위력이 없다든가 또는 타이밍이 일정하지 않을 때는 라켓을 뒤로 당기는 것이 부족하지 않은지 한번 생각해 볼 필요가 있다.

볼을 치려고 할 때에, 라켓을 스윙하기 전에 등 뒤에서 라켓 헤드를 일단 내리는 것이 중요하다. 이 "등을 긁는 자세"까지 라켓을 가져왔다가 라켓을 스윙하면 헤드가 움직이는 스피드가 가속되어 타구에 파워가 들어가는 것이다. 또 한 가지 중요한 것은 이 위치까지 라켓을 당기면 어깨가 빨리 돌아와서 몸이 안정되므로, 타구의 콘트롤도 유지할 수 있다.

― 사이러스 에바레트 ―

앞발을 단단히 디딘다
ANCHOR YOUR FRONT FOOT WHEN YOU SERVE

　서비스 볼에 파워를 주기 위해서는 타구시에 체중을 앞발에 걸 필요가 있다. 이 체중의 이동을 잘 하기 위해서는 앞발을 난난히 지면에 붙이는 것이다. 그렇게 하면 서어브 동작 중 체중이 이동해도 이것을 지탱할 수 있어 몸을 동요시키지 않는다.

　앞발이 단단히 고정되어 있으면 체중이 앞발에 걸려서 타구의 여세로 말미암아 뒷발이 앞쪽으로 진행되어도 염려할 것이 없다. 이 자세는 타구 후에 곧 네트를 바라보는 경우에도 매우 편리하다. 단, 타구할 때까지 앞발을 버티는 것을 잊고 앞으로 나가는 것을 반복하면 안된다.

― 벤 포스터어 ―

그립 엔드를 수직으로 세워라
POINT YOUR RACQUET TO THE SKY FOR A POWER SERVE

어깨나 팔에 무리가 가지 않으면서도 서어브에 필요한 최대의 파워를 얻기 위해서는 라켓을 충분히 등 뒤로 돌리고 팔꿈치를 구부려서 아래로 하고, 타면으로 등을 긁어올리듯이 한다. 이 때 중요한 것은 그립 엔드가 수직으로 위를 보게 하는 것이다. 이 정도로 깊게 라켓을 내리면 손목도 충분히 구부러지게 되며, 그 손목이 펴지는 힘도 포워드 스윙 때에 파워로서 작용하는 것이다. 그립 엔드는 위를 향하게 하라. 이것이 파워 서어브의 비결이다.

— 릭 할페인 —

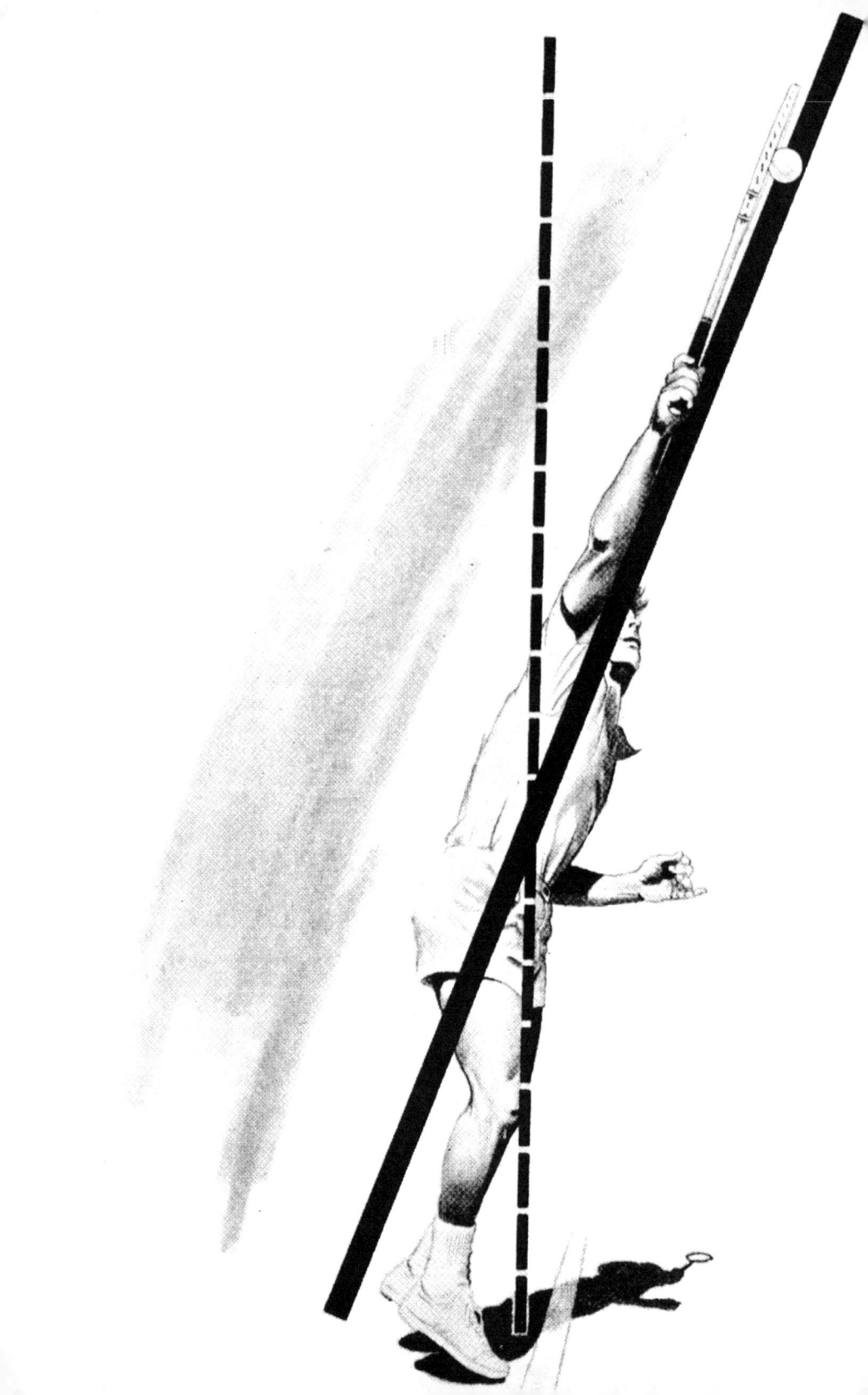

몸을 앞으로 기울여라
LEAN ON YOUR SERVE FOR MORE POWER

　당신의 서어브에 펀치가 결여되어 있다면 볼에 대하여 체중을 거는 방법이 잘못되어 있지 않은가를 생각해 볼 필요가 있다. 라켓을 등뒤로부터 앞으로 스윙할 때 뒷발로 지면을 차듯이 하여 그 반동으로 몸을 베이스 라인보다 앞으로 쑥 내민다. 그렇게 하면 볼과 라켓이 만나는 순간에 몸은 그림과 같이 하나의 선으로 되어 앞으로 기운다. 문제는 발목부터 라켓 끝까지가 일직선이 되는 것이다. 만약 허리를 구부려 몸이 직선이 되지 않는다면 아무런 의미도 없다.

— 포올 M. 네메체크 —

최고의 타구점까지 토스를 올린다
MEASURE YOUR CONTACT POINT TO IMPROVE YOUR SERVE

서어브가 매우 불규칙할 때는 토스한 볼이 올바른 타구점까지 올라가 있는가를 확인하는 것이 중요하다.

자기에게 가장 적합한 타구점을 찾아내어 그곳까지 반드시 볼을 올리도록 하는 것이다. 그렇게 하면 라켓을 항상 그 높이에서 스윙하면 될 것이다. 이 그림이 나타내듯이 몸통과 팔을 최대한으로 늘인 상태에서 라켓 타면의 한 복판이 바로 정상적인 높이의 타구점이 된다. 그 높이를 항상 염두에 두고 그곳까지 볼을 토스할 수 있도록 해야 한다.

― 릭 타보라치 ―

정지하는 순간에 쳐라
HIT THE BALL WHEN IT STOPS

항상 동일한 높이로 토스를 올릴 수 있게 되면, 다음에는 그 볼이 최고로 올라간 시점에서 때릴 수 있도록 노력한다. 토스된 볼은 정점에 도달하면 순간적으로 잠시 정지했다가 다시 낙하하기 시작한다. 낙하하기 시작한 후에, 즉 움직이고 있는 볼을 치기보다는 정지한 상태의 볼을 치는 것이 쉽고 또한 라켓 한 가운데에 맞기가 쉽다. 어쨌든 선택의 여지가 없는 경우는 할 수 없지만, 될 수만 있다면 서어브는 볼이 정지한 순간에 쳐야 한다.

— 데니스 J. 코니키 —

손목의 스냅을 이용하라
SNAP YOUR WRIST LIKE A PITCHER WHEN YOU SERVE

    서어브에서는 라켓이 볼에 닿기 직전에, 야구에서 투수가 하듯이 손목의 스냅을 이용하여 라켓을 스윙한다.
    손목의 스냅을 이용하면 포워드 스윙에서 가장 중요한 "최후의 순간"에 라켓 헤드의 움직임에 스피드와 파워가 붙는다. 또 볼에 스핀을 주는데도 도움이 된다. 손목을 앞쪽으로 꺾을 때 손을 약간 비틀듯이 하는 것이 좋다.
    타구에 최대한의 파워를 주기 위해서는 라켓이 플로 드루를 끝낼 때까지 손목을 계속 사용하여야 한다. 손목 꺾기가 잘 되지 않을 때에는 서어브하기 전에 볼을 몇번 던져보는 것이 좋다.

— 레이몬드 요스트 —

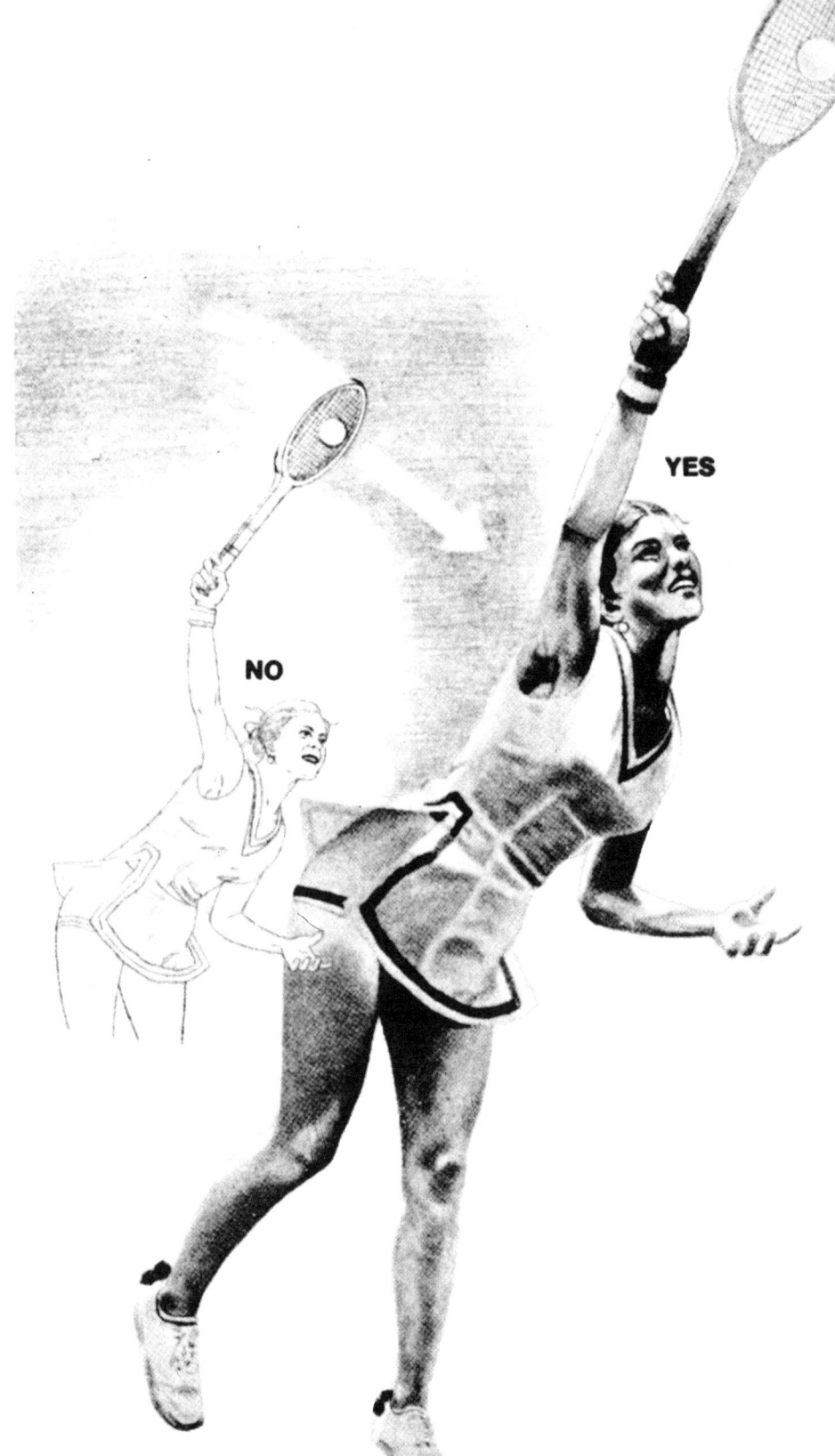

시선을 떨어뜨리지 말라
LOOK UP SO YOUR SERVE WON'T GO DOWN

　당신의 서어브는 네트만 공연히 괴롭히고 있지 않는가? 만약 그렇다면 라켓이 볼에 접촉하기 전에 볼로부터 눈을 떼기 때문에 머리가 숙어지는 것이 아마 그 원인일 것이다. 이렇게 되면 몸통이 빨리 구부러지게 되고, 손목의 스냅도 빨리 작용해서 균형을 잃은 상태에서 서어브를 하게 되면 볼이 네트에 걸리는 것은 당연한 일이다.

　라켓에 볼이 맞을 때까지 눈을 볼에서 떼어서는 안된다. 눈을 떼지 않으면 머리가 빨리 숙어지지 않으므로 몸이 충분히 뻗은 상태에서 볼을 칠 수가 있다. 따라서 타구에 파워와 정확성이 증가한다.

— 글레그 케일 —

라켓을 던져본다
THROW YOUR RACQUET FOR A DEEPER SERVE

　서어브가 네트를 잘 넘어가지 않아서 고심하고 있는 사람은 이런 연습을 해보면 어떨까? 라켓 그 자체를 내던져보는 것이다. 물론 낡은 것일수록 좋다. 그러나 코트에 사람이 있을 경우에는 안된다.
　처음에는 라켓이 네트까지도 가지 못할 것이다. 그것은 머리를 뒤로 젖히고 있거나 라켓을 던지는 각도가 나쁜것이 원인이다. 조금 윗쪽으로 해서 멀리 던지는 기분으로 해보면 네트를 잘 넘어가게 될 것이다. 익숙해졌으면 이 모우션을 실제의 서어브에 응용해본다. 그렇게 하면 유연한 동작으로 깊고 안정된 볼을 칠 수 있을 것이다.

— 진 스론 —

완전한 플로 드루
FOLLOW THROUGH FOR A FORCEFUL SERVE

 위력있는 서어브를 치기 위해서는 완전한 플로 드루를 포함한 풀 스윙이 필요하다. 즉, 팔을 최대로 늘리고 큰 원을 그리듯이 라켓을 앞쪽으로 스윙하여 내려 왔다가 반대쪽 겨드랑까지 올라가도록 하는 것이다. 스윙의 종점에서는 라켓이 몸통 뒷쪽까지 나가게 된다. 라켓이 항상 배후의 펜스를 가리키도록 연습을 쌓아야 한다.
 풀 스윙에 따른 팔과 상체의 작용이 타구에 위력을 주며, 또 이 때의 손목의 작용이 타구의 스피이드, 회전, 킥을 부여하는 것이다.

— 벤 포스터어 —

리턴의 실전적 연습
ALWAYS PLAY NETTED SERVES

    서투른 서어브를 하는 사람을 상대로 하여 플레이를 하면 서어브가 네트에 자꾸만 걸려서 흥미를 잃게 된다.

    그러다가 요행히 볼이 이쪽으로 날아오면 타이밍이 맞지 않아서 이번에는 이쪽에서 리턴을 어처구니 없이 놓쳐버리는 경우가 있다.

    이러한 사태를 피하기 위해 네트에 걸리는 서어브도 때리는 연습을 해보면 어떨까 한다. 상대방의 라켓으로부터 볼이 떠나면 즉시 자신의 라켓을 뒤로 뺏다가 볼이 네트에 걸리더라도 그대로 예상되는 타구위치로 들어가서 헛치기로 리턴을 해보는 것이다.

    이와 같이 게임을 이용해서 리턴 연습을 쌓아가면 타구에 대한 반응이 빨라져서 실제로 서어브를 받아넘길 때에도 도움이 된다.

— 데이브 코즈로프스키 —

리턴하기 전에 홉한다
HOP TO GET READY TO RETURN SERVES

    서비스 리턴을 할 때에는 볼이 서어버의 라켓을 떠나는 순간에 가볍게 홉하여 몸을 타구 방향으로 돌리는 것이 중요하다.
    홉하는 것은 몸을 돌리기 쉽게 하기 위한 것이며 몸이 빨리 돌면 그만큼 빨리 라켓이 백스윙에 들어가기 때문이다. 즉, 시동을 빠르고 유연하게 하기 위해 홉 동작이 필요한 것이다. 착지할 때에는 발끝부터 닿도록 한다.
    그러나 조심할 것은 여기서 필요한 것은 발을 순간적으로 지면으로부터 뜨게 하는 것이다. "공중으로 뛰어 오르듯"이 높이 뛰는 것은 아무런 의미가 없는 것이며 오히려 역효과이다.

— 에드워드 플라 —

발리

등 뒤에 벽이 있는 기분으로 쳐라 / 143
복식에서는 센터를 겨냥하라 / 145
광각 발리를 처리하는 풋워크 / 147
라켓 헤드를 내리지 말라 / 149
몸의 전방에서 볼을 받아라 / 151
태권도의 옆치기 요령으로 / 153
뒷다리의 무릎을 깊이 구부린다 / 155
단거리의 스타트 자세를 취한다 / 157
고양이가 먹이를 노리듯이 / 159
그립을 쥐어짜듯이 / 161
사방치기 놀이를 생각한다 / 163
퍼스트 발리로 공격하라 / 165
발리 기술의 연습 / 166
서비스 라인에서부터 연습한다 / 168

등 뒤에 벽이 있는 기분으로 쳐라

VOLLEY WITH YOUR BACK TO THE WALL

　네트 가까이에서 스피드 있는 볼을 치기 위해서는 백스윙을 거의 생략하고 짧게 펀치가 들어간 타법에 익숙해야 한다. 백스윙이 너무 길면 정확한 타이밍으로 칠 수가 없게 된다. 백스윙을 짧게 하기 위해서는 전진(前陣)에서 기다릴 때에는 항상 벽을 등에 지고 있다고 상상하는 것이다. 바로 뒤에 벽이 있으면 라켓을 자신의 어깨보다 뒤로 뺄 수 없다. 어쩔 수 없이 라켓을 뒤로 젖히고 펀치 쇼트에 정신을 집중해야 한다. 라켓 벽까지만 뺀다. 그렇게 하면 보다 깊고 정확한 볼을 칠 수 있다.

― 휴 카아트라 ―

복식에서는 센터를 겨냥하라
AIM AT THE CENTER OF YOUR DOUBLES TARGET

　복식 시합에서는 될 수 있는대로 상대방인 두 사람의 중간, 즉 센터 라인을 스트레이트로 빼도록 전력을 기울인다(단, 서비스 리턴의 경우는 별개). 볼을 센터에 집중시키면 상대는 그것을 넓은 각도의 크로스로 받아치게 되어 이쪽의 양 사이드를 겨냥하기가 어렵게 된다. 또한 센터에서는 네트가 가장 낮기 때문에 자기의 타구가 네트에 걸리는 확률도 적게 된다. 센터에 치게 되면 상대측은 두 사람 모두 자기가 볼을 받으려 하기 때문에 혼란을 일으킨다. 센터를 겨냥하라. 그렇게 하면 성공의 확률은 당신쪽에 더 많게 된다.

— 헨리 마직트 —

광각 발리를 처리하는 풋워크
CROSS OVER FOR HARD TO REACH VOLLEYS

　사이드로 날아온 광각의 발리 때문에 고심하는 사람은 풋워크를 다시 한번 점검해보는 것이 좋다. 포어 발리를 예로 든다면 아마 당신은 오른발(오른손잡이인 경우)을 몸통의 오른편 앞쪽으로 내밀고 볼을 잡고 있을 것이다. 이런 발내밀기는 리치(라켓이 미치는 범위)가 좁아진다. 앞으로는 몸을 오른쪽으로 돌리고 왼발을 오른발과 교차시키듯이 앞으로 내밀기 바란다. 이러한 풋워크로 하면 리치가 넓어져서 보다 먼 볼을 잡을 수 있을 뿐만 아니라 자세를 낮게 하기가 쉬우므로 기술적으로 어렵다고 하는 로우 발리도 잘 처리할 수 있다. 피보트(여기서는 오른발 발끝을 축으로 하여 오른쪽으로 돌리는 것)를 연습하여 자연스럽게 왼발을 내밀 수 있도록 "습성"을 기르도록 한다. 네트 플레이에서는 매우 빠른 풋워크가 필요하며, 이를 위해서는 원 스탭 모우션으로 왼발을 앞으로 내밀어야 한다.

― 체트 마아피 ―

라켓 헤드를 내리지 말라
ON LOW VOLLEYS, KEEP YOUR RACQUET HEAD HIGH

　전진 플레이 중에서 가장 어려운 발리는 로우 발리 즉, 네트보다 낮은 타점에서 받아쳐야 하는 볼이다. 여러분은 이러한 경우에 라켓 헤드를 낮게 하여 볼을 스푸운으로 떠올리려는 미스를 범하기가 쉽다. 이렇게 하면 볼이 극단적으로 위로 튀어오르기 때문에 네트를 넘자마자 상대방이 간단하게 받아 치게 되는 것이다.

　로우 발리의 처리에서 중요한 것은 라켓 헤드를 손목보다 내리지 말 것, 볼의 궤도에 갖다대듯이 할 것, 결코 스푸운으로 떠올리듯 하지 말아야 하는 것이다. 이러한 타법을 쓰기 위해서는 무릎을 굽혀 몸을 낮게 해야 한다. 그러나 라켓 헤드만은 손목보다 높게 해야 한다. 이렇게 하면 포워드 스윙도 정확하게 할 수 있으며, 네트를 스칠듯이 낮은 궤도로 볼을 날릴 수 있다. 이렇게 되면 상대도 간단히 처리할 수 없게 된다.

― 진 프레보스트 ―

몸의 전방에서 볼을 받아라
GET OUT
IN FRONT OF
YOUR
VOLLEYS

    위력 있는 볼을 때리기 위해서는 볼을 자기 몸의 옆에서 받지 말고 앞쪽에서 받아야 한다. 몸의 앞쪽에 라켓을 세워 들고 볼이 접근해오면 네트쪽으로 한발 나아가면서 볼의 궤도에 라켓을 내민다. 이렇게 함으로써 네트에서 가능한 한 가까운 곳에서 볼을 잡을 수가 있다. 즉 보다 높은 타점에서 때리므로 원하는 각도로 받아칠 수 있는 것이다.

— 벤 포스터어 —

태권도의 옆치기 요령으로
USE A KARATE CHOP ON YOUR HIGH BACKHAND VOLLEYS

 백핸드의 하이 발리는 상대방 코트에 안전하게 볼을 쳐넣기 위해서는, 볼에 역회전(춉 또는 슬라이스)을 걸어야 하므로 매우 까다로운 쇼트라고 할 수 있다. 이 역회전을 걸어주기 위해서는 태권도의 요령을 활용하면 좋다. 라켓 헤드가 볼에 접근하면 라켓면을 바로 세운채로 급속도로 비스듬히 잘라내리는 듯이 한다. 그 요령을 터득하여 잘 할 수 있게 되면 이 태권도식 춉 발리는 펀치가 작용하여 멋진 스핀 볼을 칠 수 있게 된다.

— 벤 포스터어 —

뒷다리의 무릎을 깊이 구부린다

KNEEL ON YOUR REAR KNEE FOR LOW VOLLEYS

로우 발리(네트보다 낮은 타점에서 치는 발리)에서 효과적인 타구를 치는 요령은 자세를 낮게 하여 받아치는 것이다. 그렇다고 해서 허리만 구부려서는 안된다. 그런 자세로 하면 라켓 타면도 아래로 기울어서 볼이 네트를 넘기 어렵게 된다.

로우 발리를 처리할 때에는 무릎을 충분히 구부려서 낮은 자세를 취한다. 특히 뒷쪽 무릎은 코트 지면에 닿을 정도로 깊이 구부린다. 이렇게 하면 상체가 앞으로 구부러지는 것을 피할 수 있으며 그 결과 볼을 밑에서 위로 네트에 걸리지 않게 칠 수 있을 뿐만 아니라, 눈과 타구의 비행궤도 사이의 거리가 가까워지므로 보다 정확하게 볼을 주시할 수 있다.

— 리처드 퍼난 —

단거리의 스타트 자세를 취한다

GET DOWN LIKE A SPRINTER FOR THOSE LOW VOLLEYS

　로우 발리나 하프 발리는 누구에게나 어려운 쇼트 중의 하나이다. 그러나 여러분의 경우는 아직 허리가 유연하지 못하여 라켓을 내린 자세로 볼을 잡으려고 하여 더욱 처리가 어렵게 되는 것이다.
　이 때에는 양 무릎을 깊이 구부리고, 등을 펴지 말고 둥글게 하면 좋다. 마치 단거리 선수의 크라우칭 스타트의 준비자세와 비슷하다. 이 자세라면 라켓 헤드를 손목보다 높게 유지할 수 있고, 또한 볼을 아래로부터 타면을 맞출 수 있다.

— 벤 포스터어 —

고양이가 먹이를 노리듯이
PAW YOUR VOLLEYS LIKE A CAT

   고양이가 자기 앞을 가로질러가는 곤충 등을 잡으려고 앞발을 날쌔게 내미는 동작을 주의 깊게 본 일이 있는가? 발리 때의 팔의 동작도 고양이의 날쌘 쇼트 브로우와 매우 비슷하다. 발리에서는 라켓의 움직이는 거리는 매우 짧지만, 액셀을 힘껏 밟은 자동차와 같이 단숨에 나아가지 않으면 안된다. 그래야만 타구에 콘트롤과 깊이가 주어지게 되는 것이다.
   앞으로 네트에서 대기하는 경우에는 자신은 고양이라고 생각하고 날아오는 볼은 눈 앞에서 날아다니는 나비라고 생각하여 재빨리 팔을 뻗어서 볼을 쳐보자.

— 던 캔벨 —

그립을 쥐어짜듯이

SQUEEZE YOUR GRIP AS YOU HIT FOR A SOLID VOLLEY

    당신의 발리에 안정성이 없다면 그것은 그립에 문제가 있기 때문이라고 생각된다. 그것은 그립이 너무 느슨해서 손아귀 안에서 핸들이 놀기 때문에 임팩트 때 라켓의 타면이 일정하지 않기 때문이다.

    그렇다면 임팩트 때에 그립을 쥐어짜듯이 하여 잡아보라. 예를 들어 오렌지를 한손으로 쥐어짜서 즙을 내는 기분으로 잡는 것이다.

    그립이 견고하면 라켓이 놀지 않고, 타면도 일정하므로 원하는 방향으로 볼이 나가게 된다. 그러나 스트로크의 처음부터 끝까지 손에 힘을 주어 단단히 잡고 있어서는 안된다. 그렇게 하면 어깨, 팔꿈치, 손목의 관절에 불필요한 힘이 들어가서 자연스럽게 움직일 수 없을 뿐만 아니라, 손과 팔의 근육이 빨리 피로하게 된다. 중요한 순간에만 힘을 넣도록 한다.

— 찰스 타이렐 —

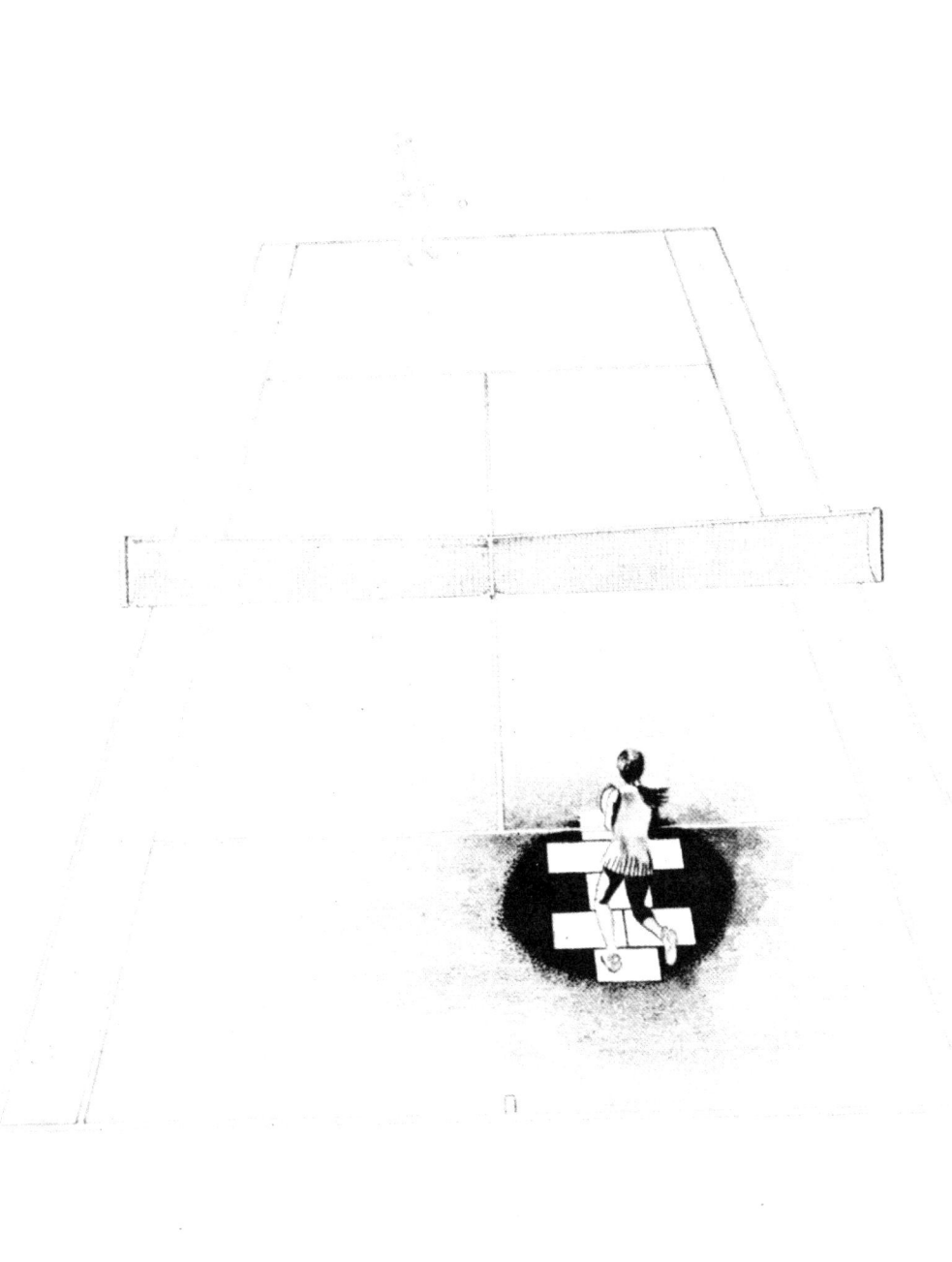

사방치기 놀이를 생각한다
HOPSCOTCH TO YOUR FIRST VOLLEY

    어렸을 때 동무들과 사방치기 놀이를 하던 것을 생각하라. 똑바로 뛰어가서 일단 정지했다가 좌우 어느 한쪽으로 뛰는 놀이이다. 서어브를 넣고 네트쪽으로 나갈 때의 호흡도 역시 마찬가지이다. 서어브를 때린 다음에는 곧 전진하고 상대방이 리시브를 할 때 일단 멈추어 볼의 궤도를 확인한 다음에 볼의 낙하 예상점을 향해 비스듬하게 전진한다.
    서비스 코트 바로 앞에 사방치기 칸이 그려져 있는 것처럼 움직이면 상대방으로부터의 리시브를 퍼스트 발리로 받아치기에 편리한 위치를 확보할 수 있다.

— 피터 알렌 —

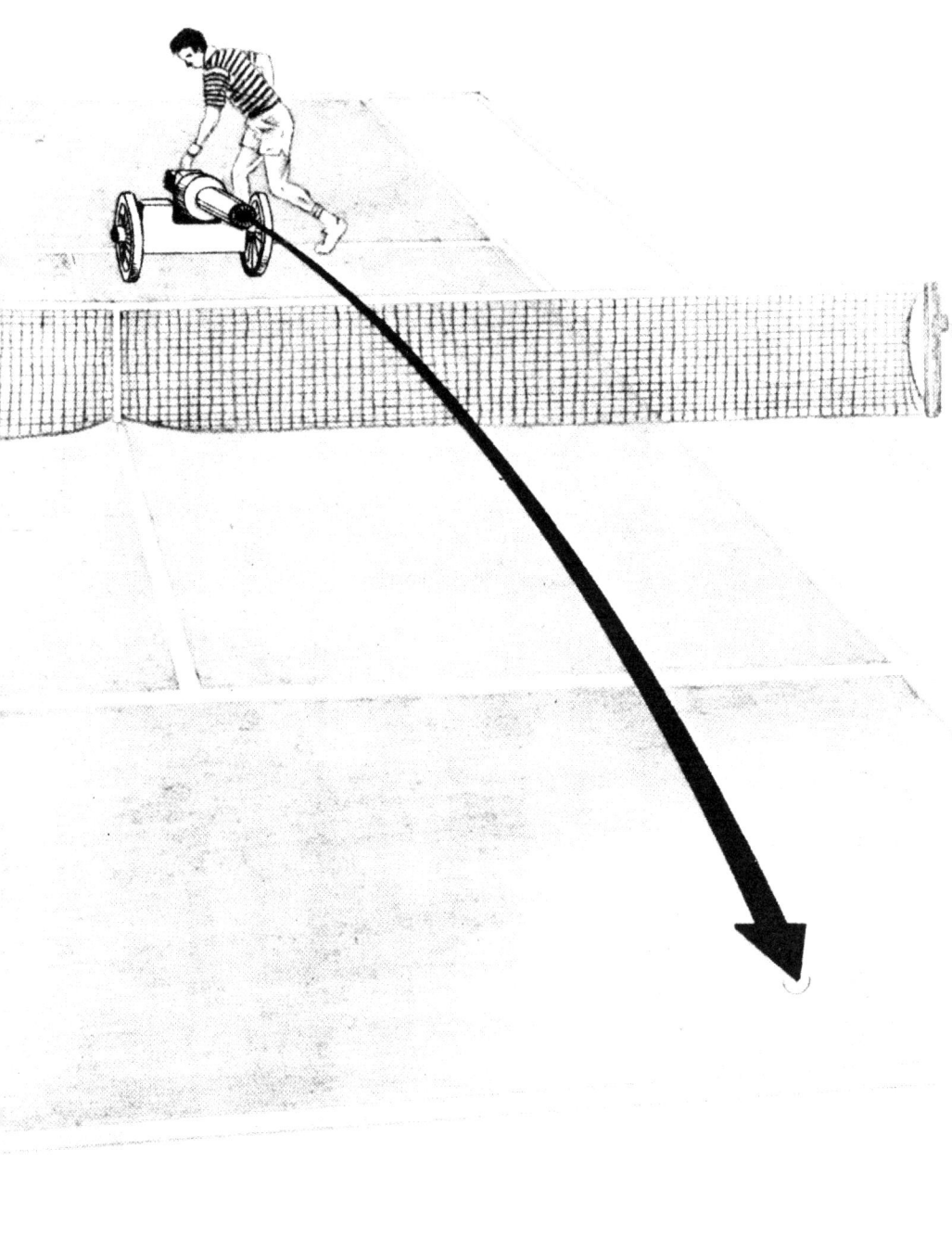

퍼스트 발리로 공격하라
ATTACK WITH YOUR FIRST VOLLEYS

　네트에서 좋은 위치를 차지했을 때는 그 찬스를 절대로 놓쳐서는 안된다. 전진(前陣)은 공격을 위한 포지션이므로 정확한 타구를 해야 한다.

　퍼스트 발리는 상대방 베이스 라인의 3~4 피이트 앞에, 또한 될 수 있으면 비어 있는 코트를 겨냥하여 친다. 만약 이 볼이 효과적인 장소에 꽂히지 않고 상대방이 무난히 잡게 된다면 입장이 뒤바뀌게 된다. 상대방은 이 볼을 백핸드로 반격하여 무서운 패싱으로 공격해 올 것이다. 퍼스트 발리로 확실한 공격을 하라. 그렇지 않으면 애써 네트에 붙은 것이 오히려 화근이 된다.

— 첵 모리슨 —

발리 기술의 연습

TWO DRILLS FOR SHARPER VOLLEYS

  별로 어려운 볼도 아닌데 네트에 꽂거나 홈런시키거나 하는 예가 매우 많다. 이러한 실수를 피하기 위해서는 파트너와 함께 네트를 사이에 두고 일련의 연습을 하여 발리의 터치를 몸에 익히도록 한다.
  우선 될 수 있는대로 볼을 지면에서 높이 하고, 길게 랠리를 계속하는 노력을 한다. 어느 한편이 실패하면 이번에는 한 사람이 밖으로 나가서 상대방에게 플레이스먼트 쇼트(특정한 목표지점을 정하고 그곳에 정확히 볼을 넣는 것)의 연습을 한다. 발리를 잘 하기 위해서는 이 두 가지를 번갈아 연습하는 것이 좋다.

— 헨리 매지카트 —

서비스 라인에서부터 연습한다

PRACTICE FIRST VOLLEYS FROM THE SERVICE LINE

　발리라는 것은 네트로부터 5～8피이트(1.5～2.4m) 정도의 전진(前陣)에서 때리는 것이 정상이라고 생각하고 있다. 아마 이 거리에서라면 상대방의 볼에 역습을 받을 염려가 없다. 그러나 퍼스트 발리에서는 전진하면서 보다 깊은 위치에서 낮은 볼을 때리지 않으면 안된다. 이 때의 위치는 대개 서비스 라인 전후이다. 그러므로 다음부터는 서비스 라인에서 치는 발리 연습을 해보기 바란다.
　이 정도로 깊은 위치로부터 위력 있는 발리를 치기 위해서는 자세를 낮게 하고 손목을 단단히 고정시키는 것이 중요하다. 이 연습이 익숙해지면 당신의 공격적인 "서어브 앤드 발리"는 한층 더 충실한 것이 될 것이다.

― 다그 매카디 ―

7
로브

곤란할 때는 로브를 / 173
외야수와 같이 뒤로 뛴다 / 175
높이와 깊이를 몸에 익힌다 / 177
플로 드루의 요령 / 179

곤란할 때는 로브를
WHEN IN TROUBLE, LOB

「곤란한 일이 생기면 보안관을 부르십시오」— 옛날 라디오 프로그램 사이의 스포트로 항상 이렇게 말하던 것이 생각난다. 지금 이 말을 테니스의 경우에 적용하면 어떻게 될까? 「궁지에 몰리면 항상 로브를 띄워라」가 될 것이다. 상대방이 친 깊은 볼로 인해 코너에 몰렸을 경우, 사실 당신은 어떤 구제책이 남아 있는가? 로브 밖에 없을 것이다.

로브에도 공격적인 것과 방어적인 것의 두 종류가 있다. 후자인 경우의 로브는 상대방의 시선을 속이려는 것이 목적이 아니라, 그 동안에 시간을 벌어서 필요한 코트 포지션(공격과 수비를 위해 이동하기 위한 기점이 되는 코트 상의 지점)을 잡기 위한 것이다.

시간을 벌기 위해서는 깊게, 또한 높게 볼을 치지 않으면 안된다. 상대방을 후진(後陣)으로 몰아가지 않으면 자신이 핀치에서 벗어날 수 없을 때 로브의 활용을 잊고 있는 사람이 많다는 것은 안타까운 일이다. 공중으로 40피이트(약 12m)나 올라간 볼은 어떤 유명한 선수라도 받아넘길 수 없는 것이다. 그것만으로도 로브의 이점을 알 수 있을 것이다.

— 쳬크 모리슨 —

외야수와 같이 뒤로 뛴다
RETREAT LIKE AN OUTFIELDER FOR DEEP LOBS

배후에 로브를 맞았을 때 정면을 네트쪽으로 향하고 그대로 백해서는 안된다. 뒷걸음질로는 빨리 뛸 수 없기 때문이다.

좋은 러닝 포옴, 그것은 장타를 얻어맞고 날아오는 공을 잡으려는 외야수와 같이 뛰는 것이다. 발은 후진(後陣)을 향하지만 얼굴은 볼 방향을 보면서 뛰는 것이다. 이렇게 하여 달리면 훨씬 빨리 움직일 수 있고 그만큼 많은 거리를 커버할 수 있다. 또 이 상태에서는 몸도 이미 사이드 라인을 향하고 있으며, 라켓도 뒤로 빼고 있으므로 볼만 따라잡으면 즉시 타구태세로 들어갈 수 있어 매우 편리하다. 단, 달리고 있는 동안에 볼로부터 눈을 떼지 않도록 주의한다.

— 벤 포스터어 —

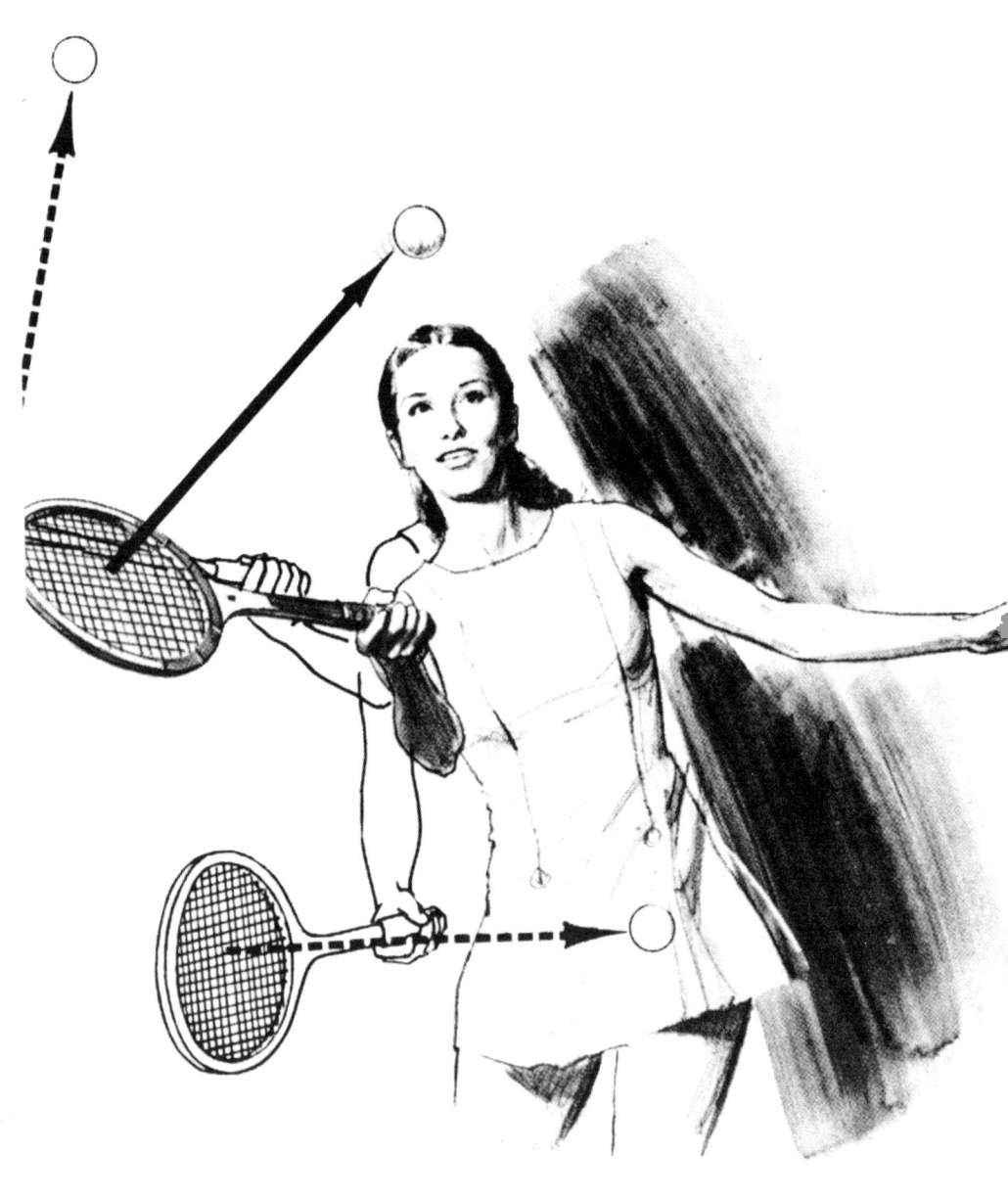

높이와 깊이를 몸에 익힌다
CHECK
YOUR LOB
FOR HEIGHT
AND RANGE

좋은 로브는 두 가지 쇼트—상대 코트에 깊이 직진하는 드라이브, 그리고 위로 상승하는 볼—의 특성을 겸비하고 있는 것이다. 실제 드라이브에서 얻어지는 그 깊이와 전진(前陣) 가까이에 위치하는 상대방 머리 위를 충분히 넘어가는 높이가 없으면 로브는 아무 소용이 없다.

그러므로 만약 로브의 타구점을 잘 포착할 수 없다면 두 종류의 스윙을 먼저 해본다. 하나는 지면과 평행한 라이너를 때리는듯한 스윙, 또 하나는 라켓을 똑바로 위로 쳐올리는 동작이다. 이 느낌에 익숙해지면 그 느낌대로 그 중간, 전방 45도의 상공에 크게 라켓을 스윙하는 것이다.

조금만 연습을 쌓으면 로브에 필요한 스트로크의 느낌이 익숙해지며 그렇게 되면 타구 그 자체도 목적하는 높이와 깊이로 보낼 수 있다.

— 데이브 고즈로프스키 —

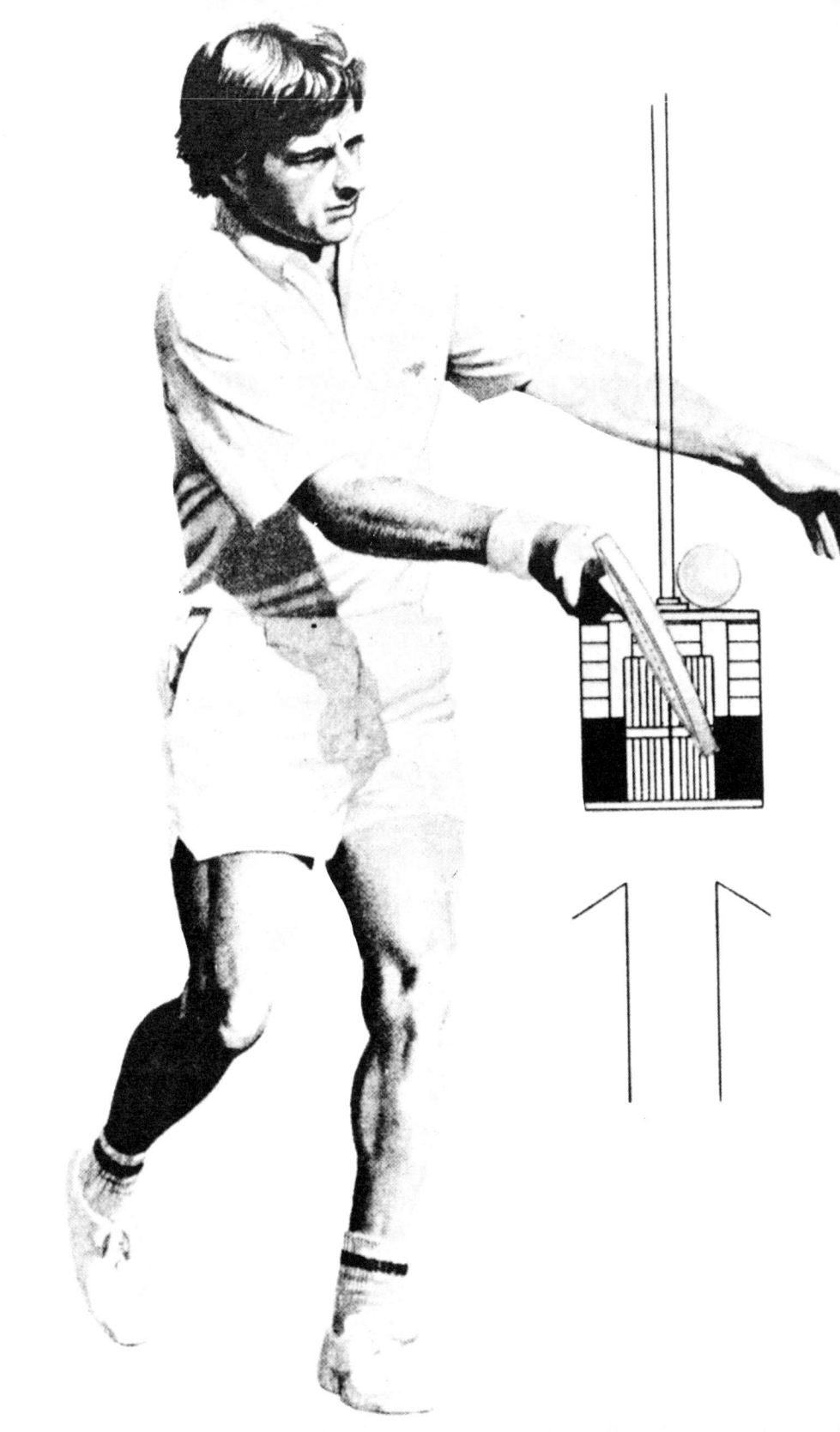

플로 드루의 요령
PUT YOUR LOBS ON AN ELEVATOR WHEN YOU FOLLOW THROUGH

　보다 높고, 보다 깊은 로브를 치기 위해서는 라켓과 볼의 접촉시간을 보다 길게 하고 또 충분히 플로 드루하는 것이 필요하다. 자기의 라켓을 엘리베이터라고 가정한다. 볼은 엘리베이터 최하층에서 올라탄다. 즉 허리정도의 높이에서 라켓을 볼 아래쪽에 갖다댄다. 그리고 엘리베이터가 상승하듯이 라켓을 그대로 위로 스윙하여 팔이 최대로 뻗을 때까지 올려보낸다. 이와 같이 플로 드루가 되면 볼이 "라켓에 얹혀서 올라가는" 느낌을 실감할 수 있다. 상승하는 엘리베이터와 같이 유연하게 라켓을 스윙하는 것이다. 그렇게 하면 자기가 원하는 높이와 깊이의 로브가 형성될 것이다.

— 제임스 번즈 —

8

오버헤드

효과적인 백스윙 / 183
다른 한 팔로 볼을 추적한다 / 185
볼에서 눈을 떼지 마라 / 187
볼을 배후로부터 밀어낸다 / 189
팔을 충분히 뻗어서 친다 / 191

효과적인 백스윙
BE PREPARED FOR THE SMASH

　오버 헤드 스매시를 칠 때에는 우선 라켓을 들어서 등뒤로 가져와야 한다. 옆구리쪽에 힘없이 늘어뜨린 상태에서는 여기서 다시 치켜들어야 하기 때문이다. 그만큼 스윙이 길어지고 시동도 늦어져서 정확한 미트를 할 수 없게 된다.
　구체적으로 말하면 팔꿈치와 손목을 구부려서 라켓 타면이 귀를 스치도록 하면서 귀 뒤까지 뺀다. 당연히 라켓 헤드는 아래를 가리키고 라켓으로 등을 긁는 듯한 느낌이 된다. 대기자세로부터 즉시 이 위치로 라켓을 가져오면 스윙이 짧아지고 콘트롤이 잘 된다. 그러므로 파워를 잃지 않고 또한 정확하게 때릴 수 있다.

― 벤 포스터어 ―

다른 한 팔로 볼을 추적한다
TRACK THOSE OVERHEADS

　주말에 한 번 밖에 코트에 나오지 못하는 보통의 플레이어들에게는 스매시가 가장 실패율이 많다고 생각된다. 그러나 자신이 없어도, 특히 전진(前陣)에 있을 때에는 스매시를 치지 않을 수 없을 때가 있다.

　이러한 때를 위해 — 자기 몸보다도 양쪽에서 볼을 잡을 수 있도록 먼저 위치를 차지한다. 라켓을 들지 않은 팔을 위로 쭉 뻗어서 낙하하는 볼을 추적하면서 라켓을 귀 뒤로 뺀다. 스매시를 치는 방법은 서어브를 치는 방법과 비슷하지만 서어브때와 같이 라켓을 밑으로부터 위로 스윙해서는 안된다. 또 한 가지 중요한 것은 너무 세게 치려고 욕심을 부리지 말아야 한다. 그렇게 하다보면 오히려 겨냥이 빗나가게 된다.

— 레이몬드 슈스라 —

볼에서 눈을 떼지 마라
EVERYONE AFRAID OF OVERHEADS SAY EYE!

　스매시를 마음 먹은대로 멋지게 쳐넘길 수 있다면 테니스의 즐거움은 한층 배가될 것이며, 실제로 그렇게 되면 게임을 할 때 또 하나의 새로운 면을 발견하게 될 것이다.
　그러나 대부분의 사람들에게 스매시는 실패의 연속이 되고 있다. 그 원인의 하나가 시선을 빨리 (라켓이 볼에 닿기 전에) 떼어버리는 데 있다고 생각된다. 왜냐 하면 접근해 오는 볼을 보고 있어야 함에도 실제로는 어디로 치는 것이 좋을까 하고 가상의 표적이 되는 공간에 신경을 쓰기 때문이다.
　라켓을 뒤로 빼고 볼에 대해 겨누는 준비가 되면 머리를 들고 팔을 쭉 펴서 볼과 라켓이 닿을 때까지 결코 볼에서 눈을 떼지 않도록 해야 한다.

― 톰 하망 ―

볼을 배후로부터 밀어낸다
ATTACK YOUR OVERHEADS FROM BEHIND

　당신의 스매시는 어디를 겨냥하고 있는지 자신도 잘 모르는채로 가끔 네트에 꽂혀버리지는 않는지? 그것은 힘껏 내리치는 것이 스매시라고 생각하고 각도를 너무 주기 때문이다.

　아까운 타구가 네트에 걸리지 않고 상대방 코트에 멋지게 들어가기 위해서는 그라운드 스트로크와 같이 볼을 배후로부터 수평으로 밀어내는 것이 중요하다. 임팩트까지 축적시킨 손목의 스냅, 여기에 충분한 플로 드루가 있으면 볼은 틀림없이 상대방 코트에 떨어진다. 볼을 배후로부터 밀어내는 느낌으로 하면 스매시는 네트에 꽂히는 일 없이 안전하게 코트 깊숙이 폭발할 것이다.

— 던 캔벨 —

팔을 충분히 뻗어서 친다
REACH UP TO MEET THE BALL ON YOUR OVERHEAD

　스매시로 칠 때에는 떨어지는 볼을 기다려서는 안된다. 이 쪽으로부터 마중을 나가서 팔을 충분히 뻗어서 잡아야 한다. 그렇게 하면 볼과 타면의 접촉점은 자기 몸보다 약간 앞쪽으로, 그리고 가장 높은 타구점이 되므로 파워가 가장 효율적으로 들어가게 되는 것이다.

　반대로 볼을 너무 많이 기다리면 볼이 낙하하여 팔을 충분히 뻗고 머리 위에서 볼을 잡을 수가 없게 된다. 그러므로 풀 스윙하는 경우와 같이 하면 임팩트에서 힘을 가할 수가 없고 타구의 정확성도 떨어진다. 볼은 팔을 쭉 뻗고 자기가 마중을 나가야 한다. 이것을 지키는 것만으로도 스매시의 에러는 격감한다.

― 페르난도 핀호오 ―

인스턴트 테니스 레슨

- ■ 저　　자 / 美·테니스 매거진誌
　　　　　　　스포츠書籍編輯室 訳
- ■ 발행자 / 남　　　　용
- ■ 발행소 / 一信書籍出版社

주소 : ①②①-①①⓪ 서울 마포구 신수동 177-3
등록 : 1969. 9. 12. NO. 10-70
전화 : 영업부 703-3001~6
　　　편집부 703-3007~8
　　　FAX 703-3009

ⓒ ILSIN PUBLISHING Co. 1990.

ISBN 89-366-0971-8　　값 12,000원